权威·前沿·原创

皮书系列为
"十二五""十三五""十四五"时期国家重点出版物出版专项规划项目

BLUE BOOK

智库成果出版与传播平台

工业和信息化蓝皮书
BLUE BOOK OF INDUSTRY AND INFORMATIZATION

数字化转型发展报告
（2023~2024）

ANNUAL REPORT ON THE DEVELOPMENT OF
DIGITAL TRANSFORMATION (2023-2024)

组织编写 / 国家工业信息安全发展研究中心
主　编 / 蒋　艳

社会科学文献出版社
SOCIAL SCIENCES ACADEMIC PRESS (CHINA)

图书在版编目(CIP)数据

数字化转型发展报告. 2023~2024 / 蒋艳主编. 北京：社会科学文献出版社，2024.8（2024.12重印）. -- （工业和信息化蓝皮书）. --ISBN 978-7-5228-3711-6

Ⅰ. F425-39

中国国家版本馆CIP数据核字第2024DM9813号

工业和信息化蓝皮书

数字化转型发展报告（2023~2024）

组织编写 / 国家工业信息安全发展研究中心
主　　编 / 蒋　艳

出 版 人 / 冀祥德
责任编辑 / 宋　静
责任印制 / 王京美

出　　版 / 社会科学文献出版社·皮书分社（010）59367127
　　　　　　地址：北京市北三环中路甲29号院华龙大厦　邮编：100029
　　　　　　网址：www.ssap.com.cn
发　　行 / 社会科学文献出版社（010）59367028
印　　装 / 天津千鹤文化传播有限公司

规　　格 / 开　本：787mm×1092mm　1/16
　　　　　　印　张：17.5　字　数：195千字
版　　次 / 2024年8月第1版　2024年12月第2次印刷
书　　号 / ISBN 978-7-5228-3711-6
定　　价 / 158.00元

读者服务电话：4008918866

▲ 版权所有 翻印必究

工业和信息化蓝皮书
编委会

主　任　蒋　艳

副主任　周　健　吴铁男　何小龙　谢雨琦　黄　鹏
　　　　周　平　廖　凯

编　委　李　强　夏万利　马冬妍　陶　炜　陈正坤
　　　　潘　妍　李　卫　宋艳飞　高　玮　刘浩波

《数字化转型发展报告（2023~2024）》编写组

课题编写 国家工业信息安全发展研究中心
信息化所、系统所

组　　长 廖　凯

副 组 长 马冬妍　陶　炜　唐旖浓　杜洪涛

成　　员 王　琦　王　丹　韩　宇　王庆瑜　张　磊
陆江楠　吴冬寒　岳利媛　王雪红　张娟娟
付宇涵　马思明　李清敏　刘众博　左　越
祝　托　姚　欢　杨若阳　马路遥　王婷婷
巴旭成　王天美　孟祥曦　夏宜君　师丽娟
李立伟　高欣东　邵明堃　崔学民　赵珏昱
张宏博　孟　琦　张禽婷　王文娟　刘丽娟
崔佳星　全胡洋　张佳乐　孙玉龙　金　辉
孙　波　梁　瞳

主编简介

蒋　艳　国家工业信息安全发展研究中心主任、党委副书记，正高级工程师，中国电子质量管理协会理事长，工业和信息化部电子科学技术委员会常委、工控安全组组长。致力于工业信息安全、关键软件、制造业数字化转型等领域政策研究、标准研制、产业咨询、技术创新及行业管理工作，主要研究方向包括国家工业和信息化的战略布局、产业规划、政策标准等，牵头组织支撑编制和推动实施《"十四五"软件和信息技术服务业发展规划》《工业领域数据安全能力提升实施方案（2024—2026年）》《工业控制系统网络安全防护指南》等多项政策文件，主持完成多项省部级重大专项或研究课题，公开发表（出版）学术论文和著作30余篇（部）。

国家工业信息安全发展研究中心简介

国家工业信息安全发展研究中心（工业和信息化部电子第一研究所）成立于1959年，是工业和信息化部直属事业单位，是我国工业信息安全领域重要的服务保障机构。

经过60余年的发展与积淀，中心拥有2个国家质检中心、6个工业和信息化部重点实验室，具有等保测评、商用密码安全性评估、信息安全风险评估、电子数据司法鉴定、软件测试等资质。牵头（或参与）承担了上百项国家重点研发计划、工业转型升级专项、制造业高质量发展专项、基础科研重大工程等重大专项，形成了工业信息安全综合保障、关键软件生态促进服务、制造业数字化转型服务三大业务体系，提供智库咨询、技术研发、检验检测、试验验证、评估评价、知识产权、数据资源等公共服务，并长期承担声像采集制作、档案文献、工程建设、年鉴出版等管理支撑工作。

新时期，中心将坚持以习近平新时代中国特色社会主义思想为指导，深入贯彻总体国家安全观，统筹发展和安全，聚焦主责主业，突出特色，以加快推进新型工业化为主线，围绕强化对部支撑保障、服务行业企业发展两项使命任务，聚焦工业信息安全、关键软件、制造业数字化转型三个重点领域，持续提升安全保障、转型服务、生态促进、决策支撑四种核心能力，加快建设一流的国家工业信息安全服务保障机构，为服务产业科技高水平安全、护航新型工业化高质量发展作出新的更大贡献。

公众号：国家工业信息安全发展研究中心

序

当前，新一轮科技革命和产业变革突飞猛进，全球科技创新空前密集活跃，5G、人工智能、互联网、大数据等新兴技术加速突破应用，带动相关传统技术交叉融合、迭代创新，催生一批具有重大影响力的新产业新业态。世界各国纷纷加强前瞻性战略布局，加大数字经济、先进制造、产业链供应链等领域发展的政策支持力度，竞争相关领域技术标准、经贸规则制定的主导权。全球产业发展和分工格局面临深刻调整，单边主义、保护主义势头明显上升，产业链重组、供应链重构、价值链重塑不断深化，加之受地区冲突影响，世界产业链供应链稳定受到冲击。

我国制造业规模已连续14年居世界首位，工业发展正处于由大变强的重要关口。2023年9月，习近平总书记就推进新型工业化作出重要指示，强调"把高质量发展的要求贯穿新型工业化全过程，把建设制造强国同发展数字经济、产业信息化等有机结合"。2024年1月31日，习近平总书记在主持中共中央政治局第十一次集体学习时强调，"发展新质生产力是推动高质量发展的内在要求和重要着力点"。这为我国加快发展新质生产力、深入推进新型工业化指明了方向，提供了根本遵循。我国具有工业体系完

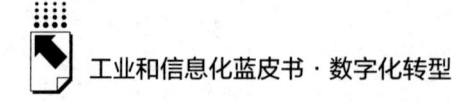

整、产业规模庞大、应用场景丰富等优势，数字经济规模位居全球第二，深入推进新型工业化，加快人工智能赋能，将有力推动制造业智能化转型、高水平赋能工业制造体系，促进我国产业从中低端迈向中高端。

自5G首次发牌起，我国5G商用至今已满5年。我国5G基站数、用户数、用户渗透率领跑全球，移动宽带平均下载速率已超越固定宽带，5G创造的赋能价值得到了社会的高度认可。截至2024年6月，我国5G基站总数达391.7万个，占全网的33%，占全球的60.0%；5G移动电话用户达9.27亿户，占全网的52.4%，占全球的50.8%；5G峰值与均值下载速率为4G的7倍，上行速率为4G的3倍；据Speedtext数据，我国的移动通信平均下载速率居全球第7位。5G应用在制造业、矿业、电力、医疗等领域实现规模复制，直接带动经济总产出约5.6万亿元，间接带动总产出约14万亿元，有力地促进了经济社会高质量发展。现在以5G-A为代表的5G发展下半场已经开始，创新仍然是产学研各界面对的共同命题，需要在智能化、宽带化、轻量化、主动适配等方面积极开展技术和应用创新，深化与实体经济的结合。

人工智能正以前所未有的速度和规模发展，大模型、AIGC成为全球数字经济发展的热点。各类科技大公司、创新型公司展开投入竞赛，我国以百度、华为、阿里等为代表的数字企业加大人工智能大模型开发力度，创新应用不断迭代升级。截至2024年6月底，我国已经完成备案并上线能为公众提供服务的生成式人工智能大模型已达180余个，注册用户已突破5.64亿。2024年将发力AI的垂直行业应用，我们将看到越来越多的创新应用场景和产品形态涌现，这对于推动我国人工智能产业快速、持续、健康发展具有非常重要的作用。截至2024年第一季度，我国人工智能企业数量超过4500家，工业机器人、工业软件等数字产品和服务能力不断提升，为人工智能赋能新型工业化奠定了良好基础。

大模型的快速发展离不开高质量数据的支持，同时也是数据价值的体现。《全国数据资源调查报告（2023年）》显示，2023年，全国数据生产总量达到32.85泽字节（ZB），同比增长22.44%；数据存储方面，我国累计数据存储总量为1.73ZB，存储空间利用率为59%。预计2024年，数据生产量增长将超过25%，数据存储能力也将随硬件技术的升级迭代和降本而快速提升，数据规模优势将进一步扩大。党中央决策部署组建国家数据局，负责协调推进数据基础制度建设，统筹数据资源整合共享和开发利用，统筹推进数字中国、数字经济、数字社会规划和建设等，将有力促进数据要素技术创新、开发利用和有效治理，以数据强国支撑数字中国建设。

大模型的全球爆发，带动了算力需求的快速增长，我国已经成为全球的算力大国。"东数西算"工程8个国家算力枢纽节点暨十大数据中心集群建设提速，建设超过180条干线光缆，骨干网互联带宽扩容到40T，全国算力枢纽节点20ms时延圈已经覆盖了全国主要城市。截至2023年底，我国在用数据中心机架总规模超过810万标准机架，算力总规模达到了230EFLOPS，即每秒230百亿亿次浮点运算，位居全球第二，同比增长约30%。其中，智能算力规模达到了70EFLOPS，在所有算力中的占比提高到约30%，增速超过70%。随着人工智能训练需求的高涨，各行业各领域对智能算力的需求日趋强烈，算力在短期内虽然会出现难以满足需求的情况，但会随应用需求加速调整布局，提高算力利用率。

应用方面，以大模型为代表的人工智能发展正加速与制造业深度融合，深刻改变制造业生产模式和经济形态，展现出强大的赋能效应。截至2023年底，全国工业企业关键工序数控化率和数字化研发设计工具普及率分别达到62.2%和79.6%。工业互联网融入49个国民经济大类，覆盖全部工业大类，深入制造业研、产、供、销、服等各环节。培育国家级智能制造示范工厂421家、省级数字化车间和智能工厂万余家，人工智能等技术在90%以上的示范工厂得到应用，有效带动传统产业转型升级。当前市场以基础大模型为主，通识能力强，但缺少行业专业知识。如何将大模型融入千行百业，是下一阶段的发展重点，也将为工业、金融、广电等行业数字化转型和高质量发展带来新动能。

绿色低碳是新型工业化的生态底色，也是当今世界科技革命和产业变革的方向。我国绿色低碳转型扎实推进，工业绿色化发展取得新成效，钢铁和有色金属等传统行业规上工业单位增加值能耗继续下降，乙烯等行业达到能效标杆水平的产能比例已经超过30%。信息基础设施能效也不断优化，截至2023年底，累计培育196家绿色数据中心。绿色动能加快释放，累计培育绿色工厂5095家、绿色工业园区371家、绿色供应链管理企业605家。汽车来到新能源时代，国产品牌的新能源车率先利用数字技术在平价车型上提供智驾等配置，显著提升国产新能源车的竞争力。2024年上半年，新能源汽车产销同比分别增长30.1%和32.0%，市场占有率达到35.2%。智能网联系统在汽车产业内的装配率预计将在2025年达到83%的水平，年均复合增长率为16.1%，与新能源车相辅相成。

序

2024年是实现"十四五"规划目标任务的关键一年，也是全面落实全国新型工业化推进大会部署的重要一年。党的二十届三中全会决定指出，"促进各类先进生产要素向发展新质生产力集聚"。工业和信息化领域是实体经济的重点，更是数字经济和实体经济融合发展的主战场。值此之际，国家工业信息安全发展研究中心推出2023~2024年度"工业和信息化蓝皮书"，深入分析研判数字经济、人工智能、新兴产业、数字化转型、工业绿色低碳、软件产业、中小企业发展等重点领域的最新态势和发展趋势。相信读者能从蓝皮书新颖的观点、深入的分析、翔实的数据和丰富的案例中有所收获，更全面地理解和把握当前工业和信息化领域的发展形势、机遇和挑战，持续推动新质生产力发展取得新进展、新突破，加快建设制造强国和网络强国，不断开创新型工业化发展新局面。

是为序。

摘　要

2023年9月，习近平总书记就推进新型工业化作出重要指示，强调把高质量发展的要求贯穿于新型工业化全过程，为中国式现代化构筑强大物质技术基础。推进新型工业化，是立足新发展阶段把握全球新工业革命趋势的重要战略部署，也是站在历史和现实的高度确立的重要政策取向，为我国以数字化转型推进新型工业化提供了根本遵循、指明了发展方向。

当前，以人工智能为代表的数字技术取得颠覆性、引领性突破，加速生产要素创新性配置、产业深度转型升级，深刻改变了生产方式、生活方式和治理方式，推动人类社会大跨步迈入新的发展阶段。制造业作为新型工业化的主战场，要以新一代数字技术为基石，推进制造业数字化转型实现高质量发展。《数字化转型发展报告（2023~2024）》在总结我国制造业数字化转型实践经验与应用成效的基础上，重点研究我国制造业数字化转型综合性、全局性、前瞻性的课题，为我国制造业数字化转型发展提出可行性建议。

本报告主要从我国数字化转型的总体发展现状与趋势、技术发展与应用、平台建设与推广、行业与区域实践以及重点领域探索等方面，研究分析了近年来我国数字化转型的主要进展及成效。本报告研究表明，我国产业数字化转型正处于快速发展阶段，加速推进新型工业化建设以及发展新型生产力，其关键在于数字化转型。医疗器械、钢铁、高端装备、煤化工等细分行业基于各自生产特点形成了差异化的发展模式，江苏、福建、宁夏、安徽等省份聚焦省内发展关键领域，构建了完整的转型路径与方法，有效促进了企业智改、数转、网联等方面综合能力全面提升，为其他省份推进产业数字化转型发展提供了思路和借鉴。

关键词： 数字化转型　新型工业化　人工智能　工业互联网

目 录

Ⅰ 总报告

B.1 我国制造业数字化转型态势监测分析
………………… 马冬妍　唐旖浓　付宇涵　王　琦 / 001

Ⅱ 技术篇

B.2 人工智能赋能新型工业化发展现状及可行路径研究
………………… 王庆瑜　付宇涵　王　琦　王　丹 / 013

Ⅲ 平台篇

B.3 工业互联网平台监测分析体系建设与实践研究
………………… 工业互联网平台监测分析课题组 / 027

B.4 工业互联网平台+园区数字化转型发展模式与实践研究
　　　　　　　　　　……………… 陶　炜　王雪红　李清敏 / 046
B.5 工业互联网平台助力制造业数字化转型实践研究
　　　　　　　　……… 张娟娟　吴冬寒　刘众博　姚　欢　孟祥曦 / 064

Ⅳ 产业篇

B.6 我国医疗器械行业数字化转型现状与发展建议
　　　　　　　　……………… 王　琦　付宇涵　王庆瑜　张　磊 / 079
B.7 钢铁行业数字化转型现状与发展建议
　　　　　　　　……… 王　丹　付宇涵　马路遥　王庆瑜　王　琦 / 097
B.8 高端装备制造业数字化转型现状与发展建议
　　　　　　　　……… 王　丹　付宇涵　王庆瑜　张　磊　韩　宇 / 114
B.9 煤化工行业数字化发展研究
　　　　　　　　……………… 陆江楠　左　越　张翕婷　杨若阳 / 139

Ⅴ 区域篇

B.10 江苏模式：推动制造业"智改数转网联"
　　　　　　　　……… 张　磊　王庆瑜　王　丹　王　琦　付宇涵 / 158
B.11 福建省以制造业数字化转型引领高质量发展
　　　　　　　　……………… 韩　宇　王　琦　王　丹　付宇涵 / 170
B.12 宁夏回族自治区制造业数字化转型的现状分析与发展
　　　模式研究 ……………… 王　丹　韩　宇　付宇涵
　　　　　　　　　　　　　　　　　　　　　张　磊　王天美 / 181

目录

B.13 区域数字化转型发展的安徽模式探究
.... 韩　宇　王　丹　王　琦　付宇涵 / 199

B.14 以"智改数转网联"助力无锡新型工业化发展
　　　——供给提质项目扩量服务增效
.... 张　磊　王庆瑜　王　琦　王　丹　付宇涵 / 208

附录一
我国制造业数字化转型相关政策梳理汇编 .... / 219

附录二
国外制造业数字化转型相关政策梳理汇编 .... / 231

Abstract .... / 236
Contents .... / 238

皮书数据库阅读**使用指南**

003

总 报 告

B.1
我国制造业数字化转型态势监测分析

马冬妍　唐旖浓　付宇涵　王琦*

摘　要： 加快推进制造业数字化转型，是我国立足新发展阶段、把握国内外发展趋势、站在历史和现实高度确立的推动新型工业化的重要政策取向。当前，制造业数字化转型不断推动数据与传统生产要素相结合，构建起信息物理系统与数字技术相结合的智能制造体系，进一步推动企业向数字化、网络化、智能化转型。摸清现状

---

* 马冬妍，国家工业信息安全发展研究中心信息化所所长，高级工程师，从事两化融合、工业互联网、数字化转型相关领域研究；唐旖浓，国家工业信息安全发展研究中心信息化所副所长，高级工程师，从事两化融合、工业互联网、数字化转型相关领域研究；付宇涵，国家工业信息安全发展研究中心信息化所产业研究部主任，高级工程师，从事两化融合、工业互联网、数字化转型等相关领域研究；王琦，国家工业信息安全发展研究中心信息化所助理工程师，从事两化融合、数字化转型相关领域研究。

是科学决策的前提和基础，本文基于两化融合公共服务平台32万余家企业数据，通过持续跟踪监测表征企业数字化基础建设、网络化互联互通、智能化生产运营水平的相关指标发现，我国制造业转型发展整体呈现"6-3-1"态势，数字化基础已经较为夯实，网络化发展正在稳步推进，智能化就绪水平持续提升。在此基础上，聚焦企业转型基础、产业特色场景、跨界融合能力三方面提出发展建议。

关键词： 数字化转型　制造业　数字化　网络化　智能化

一　制造业数字化转型是加快新型工业化发展的主要任务

工业是立国之本，制造业是国家经济命脉所系。持续深化信息化与工业化融合发展，是党中央、国务院作出的战略部署，促进制造业数字化、网络化、智能化发展，加快制造业数字化转型是新型工业化发展的一项具体任务，正在为新型工业化开辟新道路。

（一）制造业数字化转型是新型工业化的重要特征

当前，数字技术加速实现群体性、革命性突破，促使制造业数字化转型赋能传统产业和新兴产业提质增效成为新型工业化的重要特征。一方面，制造业数字化转型为新型工业化发展创造了广阔的应用场景，极大地推动了技术创新、深层次应用和持续优化，全面提高了资源配置效率,助力工业经济快速向数字经济转型。另一方面,数字化转型是新型工业化在实际应用中的具体表现,促进了生产自动化、管理信息化、服务智能化的进步,推动了工业向数字智能发展。

(二)制造业数字化转型是服务高质量发展的现实选择

高质量发展是全面建设社会主义现代化国家的首要任务。一方面,数字化转型有效促进了制造业结构优化和模式创新。通过引入数字化工具和平台,制造业企业可以实现生产过程的智能化、网络化、柔性化,满足市场对个性化、定制化产品和服务的需求。同时,数字化转型还能帮助企业降低成本、减少浪费、提高产品和服务质量,增强企业核心竞争力。另一方面,数字化转型强化制造业数据要素赋能作用,推动制造业生产链条、产品全生命周期、商业生态等全方位数字化转型,进一步打通生产、流通、分配、消费等各环节的堵点,推动制造业高质量发展。

(三)制造业数字化转型是打造新质生产力的重要手段

制造业数字化转型支撑新质生产力的培育发展。一是制造业数字化转型加速战略人才、应用型人才的培养,为新质生产力发展提供了更高素质的劳动力。二是制造业数字化转型驱动先进制造技术、工业互联网、工业软件等技术向制造更深程度、更高层次应用拓展,为新质生产力发展储备了更高技术含量的劳动资料。三是制造业数字化转型衍生了战略性新兴产业、未来产业,为新质生产力发展提供了更广阔的劳动对象。

二 企业数字化网络化智能化发展呈现"6-3-1"态势

10余年来,全国各地系统性推进"两化融合"、数字化转型相关工作,取得了显著的进展和成效,数字化设备设施、工业软件、网络平台等数字基础不断夯实,企业综合集成、智能制造能力持续加强。

（一）数字化基础：表征企业关键业务环节数字化水平的关键指标均超过60%[①]

数字技术赋能企业转型,在数字化阶段,主要任务为推动传统生产、经营、管理、服务等活动和过程的数字化,主要作用体现为实现原有工作方式和模式在特定业务领域或环节的局部优化,其复杂度和难度相对较低,主要特点是"规范化"。

聚焦企业研发设计、生产制造、经营管理业务环节数字化水平的指标分析,2023年,我国制造企业数字化研发设计工具普及率[②]、关键工序数控化率[③]和经营管理数字化普及率[④]分别达到79.6%、

---

① 本文所论述的企业相关指标均为制造企业的相关指标。
② 数字化研发设计工具普及率：应用数字化研发设计工具的工业企业占全部样本工业企业比例。目前所统计的数字化研发设计工具是指辅助企业开展产品设计、实现数字化建模、仿真、验证等功能的软件工具。
③ 关键工序数控化率：企业关键工序数控化率均值。流程行业关键工序数控化率是指关键工序中过程控制系统（例如PLC、DCS、PCS等）的覆盖率；离散行业关键工序数控化率是指关键工序中数控系统（例如NC、DNC、CNC、FMC等）的覆盖率。
④ 经营管理数字化普及率：实现了数字技术与企业经营各个重点业务环节全面融合应用的工业企业比例。目前所统计的经营管理环节包括企业采购、销售、财务、人力、办公等关键经营环节。

62.2%和76.2%，三项指标均超过60%（见图1）。其中，生产制造环节数字化水平相对较低，一些企业的生产制造过程还存在数字化不足的问题。随着数字技术的不断普及和应用，企业在生产制造环节的数字化水平有了显著的提升。近五年来，生产制造环节的数字化水平提高了10个百分点以上，与研发设计和经营管理环节的数字化水平差距不断缩小，企业各业务环节数字化水平保持均衡发展态势。

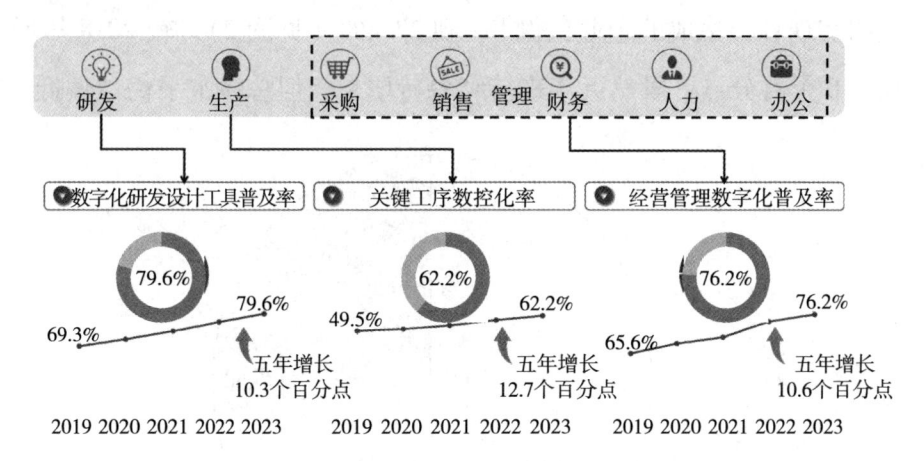

图1　2023年我国制造企业研发设计、生产制造、经营管理环节数字化指标水平

资料来源：基于两化融合公共服务平台（www.cspiii.com）企业评估数据测算。

（二）网络化集成：实现纵向管控集成、横向产供销集成的企业比例约为30%

数字技术赋能企业转型，在网络化阶段，主要任务为推动生产、经营、管理、服务等活动和过程的集成与互联，主要作用体现为实现原有工作方式和模式跨业务领域或环节的整体优化，其复杂度和难度相对较高，主要特点是"流程化"。

1. 从纵向集成来看，我国27.4%的企业实现管控集成

企业纵向集成促进了内部各种设备和系统之间的网络化互联，涵盖了工厂内部网络、外部网络、工业设备的互联互通，产品的网络连接，网络设备和资源的管理等，从而实现了现场级、车间级、企业级设备和系统间的互联互通，生产管控闭环形成，产能利用更加充分，服务型制造、个性化定制等先进生产模式层出不穷。当前，我国实现管控集成的企业比例①达到27.4%（见图2），较2018年增长7.0个百分点，虽然近年来持续保持增长，但总体水平仍然偏低。

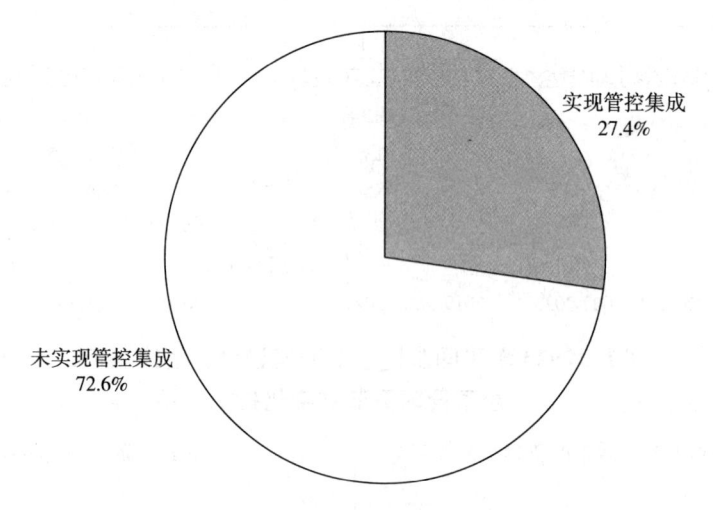

图2 2023年我国实现管控集成的企业比例

资料来源：基于两化融合公共服务平台（www.cspiii.com）企业评估数据测算。

---

① 实现管控集成的企业比例：管控集成是指利用信息系统集成实现企业生产管理（计划层）、车间生产制造执行（执行层）、生产制造过程控制（控制层）之间的信息上传、指令下达等无缝衔接（从业务系统中自动获得数据，数据不经过人工录入）和业务集成。

2. 从横向集成来看，32.1%的企业实现产供销集成

从横向集成来看，利用信息化手段推进供应链管理，增强生产协同和供应链协同能力，构成了产业链转型升级的关键支撑。目前，产业链上的企业通过价值链和信息网络实现实时的产品和服务交换，促进企业在研发、生产、销售、经营管理和生产控制、业务及财务等全流程上的无缝整合和全面集成，实现包括产品开发、制造和经营管理等在内的跨企业信息共享和业务协作。当前，我国实现产供销集成的企业比例[①]达到32.1%（见图3），较2018年增长7.4个百分点。随着供应链的扩展和供应网络的逐渐形成，企业现在能够更迅速地适应市场和消费者需求的变化，持续开拓新的市场领域，从而在产业链和供应链中不断提升自身的地位和影响力。

（三）智能化制造：具备智能制造就绪基础的企业比例超过10%

数字技术赋能企业转型，在智能化阶段，主要任务为全面推动企业内、组织间的生产、经营、管理、服务等活动和过程的智能化和协同化，主要作用体现为实现原有生产、经营、管理及服务方式和模式全方位、颠覆式变革，不断催生新业态、新模式，培育形成新的产业生态体系，其复杂度和难度高，主要特点是"动态化"。

1. 我国超过10%的企业基本具备智能制造生产基础条件

智能制造是先进制造技术与新一代信息技术的深度融合，贯穿

[①] 实现产供销集成的企业比例：产供销集成是指利用信息系统集成实现内部供应链的物料采购、原料和产成品库、生产制造、产品销售等环节的业务集成运作，并能够与财务管理进行无缝衔接（从业务系统中自动获得数据，数据不经过人工录入）。

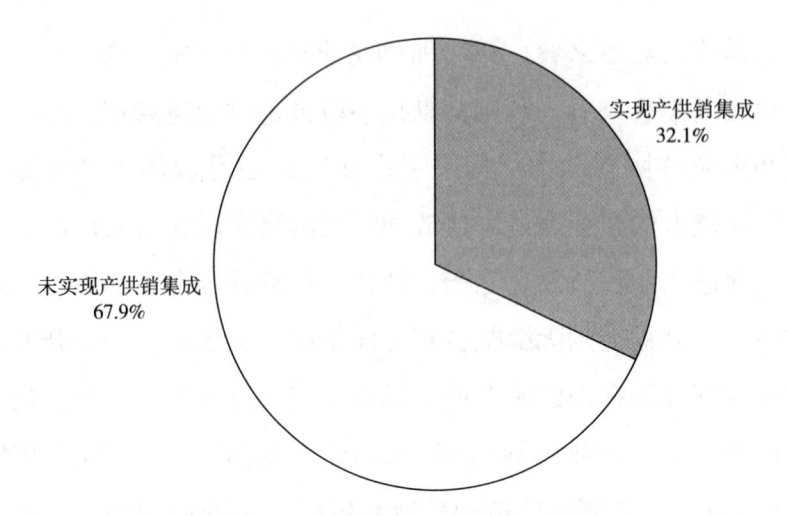

图3　2023年我国实现产供销集成的企业比例

资料来源：基于两化融合公共服务平台（www.cspiii.com）企业评估数据测算。

于产品、制造、服务全生命周期各个环节及制造系统集成。当前，我国制造企业在生产装备数字化和联网化方面已具备一定基础，产业链间网络通信、数据资源共享基本实现。2023年，我国智能制造就绪率①达到14.4%（见图4），近五年翻一番。

2. 表征企业生产智能化、管理智能化、产品与服务智能化的关键指标均不足10%

国内部分企业已经成为智能制造领域的佼佼者，在推动智能技术的整合、智能管理的普及和智能产品的制造方面发挥了关键作用。智能生产方面，智能工厂建设逐步由单点突破向全面推进转变，实现互联网、大数据、人工智能、云计算、物联网等多元

---

① 智能制造就绪率：目前所统计的智能制造就绪企业条件包括关键工序数控化率达到50%，且管控集成和产供销集成已基本实现。

我国制造业数字化转型态势监测分析

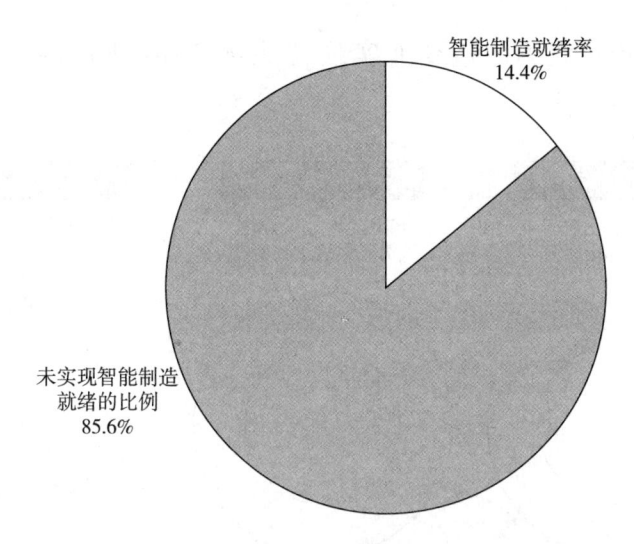

图4　2023年我国制造企业智能制造就绪率

资料来源：基于两化融合公共服务平台（www.cspiii.com）企业评估数据测算。

技术的融合应用。2023年，我国实现智能化生产的企业比例①为9.0%。智能运营方面，企业在内外部信息协同共享和业务高效集成运营方面已有所提升，但实现广度和应用深度仍需进一步拓展。2023年，我国制造企业实现生产经营智能分析的企业比例②为7.3%。智能产品与服务方面，我国已有部分行业企业在产品智能化方面作出了积极有效的探索，工业级智能硬件、智能机器人、智能网联汽车等新型智能产品层出不穷，且愈加深度融入生产生

---

① 实现智能化生产的企业比例是指实现生产管理互联互通，且能应用人工智能等技术进行智能化生产的工业企业占全部样本工业企业的比例。

② 实现生产经营智能分析的企业比例是基于智能知识模型自动采集生产经营相关信息，并在生产流程优化、销售预测与需求管理等多场景开展大数据应用的工业企业占全部样本工业企业的比例。

活。2023年，我国制造企业实现智能化产品①生产的企业比例为7.9%（见图5）。

```
智能化生产          管理智能化         产品与服务智能化
实现智能化生产      实现生产经营智能    实现智能化产品生产
的企业比例          分析的企业比例      的企业比例

   9.0%              7.3%              7.9%
```

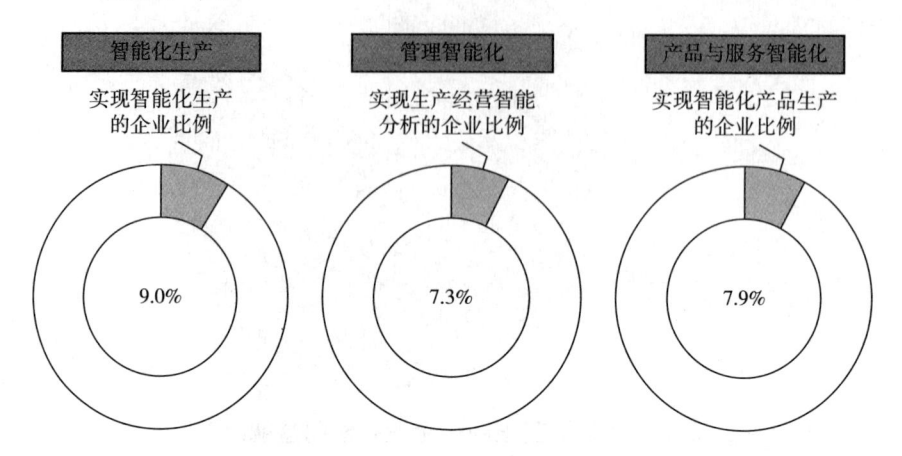

图5　2023年我国制造企业生产、管理、产品与服务智能化指标水平

资料来源：基于两化融合公共服务平台（www.cspiii.com）企业评估数据测算。

三　我国制造业数字化转型发展建议

近年来，我国持续深入制造业数字化转型发展，在数字化、网络化、智能化等方面已经取得了长足进展。锚定新型工业化发展，我国仍需提升企业"智改数转网联"水平，深化产业链协同发展能力，优化数字化转型发展环境，加速实现我国实体经济高质量发展。

---

① 智能化产品是指融入人工智能、5G、先进传感等智能技术的产品，例如工业级智能硬件、智能机器人、智能网联汽车、智能船舶、无人机、智能可穿戴设备、智能家居等。

（一）夯实企业转型基础，提升"智改数转网联"水平

一是提升企业业务数字化协同管理水平。鼓励企业加强数据流通、共享和交易，提升与产业链上下游企业的协同互联水平，促进全产业链协同发展。二是增强企业数据要素价值实现能力。深挖企业数据要素赋能价值，以数据要素优化其他生产要素的配置和运营，加强产品个性化定制、生产流程智能优化、经营管理智能决策等商业新模式培育推广。

（二）培育特色数字场景，深化产业链高效协同发展

一是面向产业链上企业、产业链供应链、产业生态体系等不同维度，引导产业链上下游企业梳理重点行业不同层级场景清单，构建"技术创新+能力提升+生态建设"的数字化场景培育模式，以场景为牵引加快产业数字化转型升级。二是深化通用人工智能融合应用，创新推广基于垂域大模型的产品研发设计、工艺优化、工业仿真、能源管理、环境监测、供应链管理等运营管理新模式新场景，以通用人工智能和大模型技术赋能产业，提升数据价值创造能力。

（三）强化跨界融合能力，构建数字化转型发展环境

一是建设覆盖产学研用的数字化转型公共服务平台。加强工业基础模型、数据互操作基础设施等技术和服务供给。共享服务机构与产学研用各方在数字基础设施、数字技术与应用、数字化转型发展、数字人才培育等方面的典型实践经验。二是建设广覆盖、有活力的企业数字化转型生态体系。以开源方式共享研发、生产和采购

等环节的数据资源，促使中小企业深度融入链主企业的生产协作系统。链主企业发挥在生产工艺、质量标准、技术创新等方面的引领作用，研制推广中小企业数字化转型行业共性解决方案。

四　结束语

制造业数字化转型深刻影响着企业的管理模式、生产方式和商业模式，日益推动我国新型工业化走向深入。本文系统阐述了制造业数字化转型在新发展背景下的重要意义，并以数字化、网络化、智能化为切入点，科学分析我国制造业数字化转型态势，并从企业、产业、生态三个维度提出发展建议，以期助力我国数字化转型向纵深发展，加快推进新型工业化。

参考文献

金壮龙：《加快推进新型工业化》，《新型工业化》2023年第3期。
戚聿东、李颖：《新经济与规制改革》，《中国工业经济》2018年第3期。
陆洋、王超贤：《数字化转型量化评估研究的比较分析与最新进展》，《科技进步与对策》2021年第9期。
任保平：《数字经济与制造业深度融合推动新型工业化的机制与路径》，《山东社会科学》2024年第1期。
周济：《以智能制造为主攻方向推进新型工业化》，《中国工业和信息化》2023年第11期。

技术篇

B.2
人工智能赋能新型工业化发展现状及可行路径研究

王庆瑜 付宇涵 王琦 王丹*

摘　要： 近年来，人工智能技术创新与应用发展势头迅猛，逐渐成为全球各国争先抢占的科技战略制高点，美国、法国、加拿大等主要国家迅速崛起了一批人工智能领域的独角兽公司，我国则在互联网龙头企业带领下进行了人工智能领域的积极探索实践，取得了显著进展和成效。本文以人工智能技术创新与应用为切入点，梳理

---

* 王庆瑜，国家工业信息安全发展研究中心信息化所工程师，从事两化融合、数字化转型相关领域研究；付宇涵，国家工业信息安全发展研究中心信息化所产业研究部主任，高级工程师，从事两化融合、工业互联网、数字化转型等相关领域研究；王琦，国家工业信息安全发展研究中心信息化所助理工程师，从事两化融合、数字化转型相关领域研究；王丹，国家工业信息安全发展研究中心信息化所工程师，从事两化融合、数字化转型等相关领域研究。

当前人工智能发展现状、主要特点和进展成效等，阐述人工智能赋能新型工业化面临的技术能力、配套基础、应用场景、企业准备等方面问题，并围绕领军企业培养、配套基础夯实、应用场景拓展、跨领域融通发展等方面，提出下一步推动人工智能赋能新型工业化的可行路径建议，为加快我国人工智能技术创新发展与实践应用、助力推进新型工业化和制造业高质量发展提供参考借鉴。

关键词： 人工智能　大模型　新型工业化

党中央、国务院高度重视以人工智能技术赋能新型工业化发展，2024年1月国务院常务会议指出，以人工智能和制造业深度融合为主线，以智能制造为主攻方向，高水平赋能工业制造体系，加快形成新质生产力。当前，我国人工智能技术正处于与先进制造技术深度融合的上升阶段，要进一步加快推动人工智能赋能新型工业化发展，应当首先厘清目前我国及全球各国人工智能技术发展现状，明确以人工智能技术赋能新型工业化发展面临的主要痛点和难点，从而有针对性地形成推进思路和实施举措，真正将人工智能技术应用贯穿于研发、生产、管理、服务等产品全生命周期的各个环节，促进企业加快实现智能化改造和数字化转型，为制造强国、网络强国和数字中国建设提供有力支撑。

一　全球主要国家人工智能技术发展现状

自2022年ChatGPT问世以来，以生成式人工智能（GAI）为代表的人工智能技术再次掀起热潮，逐渐成为全球各国争先抢占的科技战略制高点，各类人工智能公司和产品层出不穷，人工智能技术应用呈现井喷式爆发增长态势，从单一语言生成逐步向多模态大模型发展，从文本、图像生成逐步向音视频生成发展。随着人工智能热潮席卷全球，以美国为代表的主要发达国家快速布局人工智能技术发展，迅速涌现出 OpenAI、ElevenLabs、Mistral AI 等一批代表性公司，以及 ChatGPT、AI Dubbing、Sora 等一批典型产品，总体呈现出影响力大、发展迅速、应用广泛、颠覆性强等发展特点。

（一）ChatGPT 等产品引领人工智能技术迅速"破圈"，引发社会各界广泛关注

2022 年 11 月，美国 OpenAI 公司发布了一款名为 ChatGPT 的聊天机器人程序，因其更加智能化的自然语言处理功能，受到社会各界的广泛关注，并在聊天对话、文本生成、语言翻译等方面得到应用，其文本交互的速度、自然度、流畅度等较以往同类型产品有明显提升，成为引领新一轮人工智能技术崛起的标志性产品。2023 年 3 月，OpenAI 再次发布了 GPT-4——基于多模态的人工智能大模型，利用图像识别、机器学习等先进技术，通过不间断地大模型训练，不断提升交互式人工智能的功能和性能，不仅能够支持图片和文本的多模态输入输出，而且能向更加专业的领域纵深发展，为部分人群的工作和生活带来便利，引领了全球各国人工智能技术和产品的快速涌现，对交互式人工智能技术的普及发展具有里程碑意义。

（二）美国、法国等国家人工智能头部公司迅速涌现，国际市场竞争日趋激烈

继OpenAI发布ChatGPT之后，美国ElevenLabs、法国Mistral AI、印度Krutrim等一批有代表性的国外人工智能公司迅速涌现，主导着国际上人工智能大模型技术的快速发展，随着各国战略布局的调整和大量资本热钱的涌入，人工智能领域的国际竞争日趋激烈。

美国的ElevenLabs公司主打语音类生成式人工智能产品，功能具体包括文本生成语音、语音合成、语音克隆、语音识别等，覆盖全球28种语言，是交互式人工智能产品在文本和图像之外的重要拓展延伸，2024年1月，ElevenLabs估值超过11亿美元，仅成立两年便跻身独角兽公司行列。法国的Mistral AI公司成立于2023年5月，公司推出的大型语言模型Mistral Large和聊天机器人Le Chat，经过多项性能测试达到国际顶尖水平，公司估值超过20亿美元，成为人工智能领域的创业型独角兽公司，不同于其他顶尖人工智能公司，Mistral AI对其MoE大模型进行了开源，有助于人工智能产品的不断优化进步。美国的OpenAI于2024年2月推出能够实现"文生视频"的人工智能大模型Sora，将人工智能大模型从文本、图像、音频拓展到视频领域，并破解了传统视频生成工具的连贯性问题，视频生成的时间长度、每秒帧数、分辨率等均有质的提升，短短两年内再次实现通用人工智能技术的变革升级。

（三）人工智能技术广泛应用于生产生活各个方面，带来生产生活方式颠覆性变革

生成式人工智能技术应用方面，目前应用较为广泛的主要包括文本、图像、音频、视频等智能交互，为各类作品创作者提供了新的创作方式。文本生成领域，主要利用智能算法、模型和规则，采用对话问答、线索描述等方式，将通过大规模机器学习整合生成的自然语言文本内容按照要求进行输出，帮助用户快速获取文本答案或符合要求的文本表述。图像生成领域，主要基于大规模图像深度学习，按照用户的关键词描述，从图像数据库中提取关键特征，并按照模型算法生成新的图像作品，当前图像生成已成为人们应用人工智能技术的热门领域，同时也对传统绘画行业造成了极大的冲击。音、视频生成领域，通过语音合成、AI换脸等技术，模拟真人语音和实拍视频效果，同时可利用人工智能技术辅助进行音乐和视频内容创作，提高音、视频创作效率。

工业领域人工智能技术应用方面，有效助力加快推进新型工业化发展，但在应用的广度和深度方面仍有提升空间。目前，工业智能化发展主要利用数字孪生、人工智能、5G、大数据、区块链、虚拟现实（VR）/增强现实（AR）/混合现实（MR）等新技术，实现研发、生产、管理、服务等业务环节自感知、自学习、自执行、自决策、自适应，以网络空间的信息流提升物质世界全要素、全价值链、全产业链的资源配置效率，主要应用场景包括智能制造与智能产品相关的工业质检、预测性维护、智能运维管理等。

二 我国人工智能技术发展取得显著进展

我国持续完善人工智能领域顶层规划设计，推动人工智能深度赋能实体经济发展，着力推动"人工智能+"行动，以人工智能技术的场景化创新应用，解决实体经济发展过程中面临的痛点问题，在技术创新、行业布局、场景培育等方面取得显著进展，有效引领我国未来人工智能相关产业发展，为加快推动制造业高质量发展提供有力支撑。

（一）人工智能技术创新多点开花

人工智能基础设施方面，我国工业数据中心、智能计算中心等算力基础设施建设稳步推进，据测算，我国算力规模排名全球第二且增速排名第一，高性能计算（HPC）、人工智能（AI）、数据中心三大算力系统发展已取得一定成效[1]。数据要素基础支撑能力持续加强，随着《中共中央 国务院关于构建数据基础制度更好发挥数据要素作用的意见》《"数据要素×"三年行动计划（2024—2026年）》等政策文件的相继发布，数据确权、数据资源入表、数据要素流通交易、数据要素治理、数据赋能经济提质增效等工作扎实推进，支撑人工智能技术应用的数据基础不断夯实。人工智能模型算法持续优化拓展，面向生产生活多领域、多场景应用的人工智能大模型不断创新优化，算法精准度、模型效率等逐步提升，人

---

[1] 中国工程院郑纬民院士团队测算。

工智能技术创新与应用探索向好发展。

人工智能领域典型企业与产品方面，我国人工智能技术发展紧跟国际前沿步伐，尤其在交互式人工智能大模型领域，百度文心一言、阿里通义千问、科大讯飞星火认知、零一万物开源大模型等一批国产大模型纷纷面世，在大语言模型领域作出了积极探索，能够帮助用户进行对话交互、内容创作、知识推理和多模态生成，并通过与检索工具、电子地图、融资租赁等服务功能相结合，实现面向用户需求的产品与服务精准推送，为我国进一步加强智能算法、智能芯片、人工智能大模型等领域的技术研发创新和产业发展布局提供有益的实践经验参考，也为我国人工智能领域国际竞争力的提升奠定了坚实基础。

（二）重点行业应用布局持续加快

根据重点行业发展特点，我国有针对性地加强人工智能应用布局，逐步加强重点行业应用模式和场景研究，持续加快重点行业前瞻布局与实践应用，初步形成一批可进一步探索实践的行业应用模式。

面向原材料行业，可通过构建完善行业生产全流程运行数据模型，基于数据分析和智能调控实现工艺改进、运行优化和质量管控，加强生产过程实时监控和智能决策，对安全隐患进行预测、报警和智能处理，避免因中断生产或安全事故造成严重损失。

面向装备制造行业，可聚焦设计、工艺、试验、生产等智能制造全流程，开展关键共性技术研发、测试和集成应用，利用大模型技术推动多模态感知、运动控制等创新，加速与数字孪生、工业元宇宙等创新技术融合发展，提升工业母机、数控机床等通用装备的智能化水平，加大对装备制造行业的基础支撑力度，实现高端装备生产能力提升和智能化飞跃。

面向消费品行业，可运用人工智能技术构建产品质量检测专用模型库，提高医药、纺织、食品、轻工等细分行业产品质量检测的效率和准确性，基于大数据智能分析提升产品质量、提高新产品研发创新效率和成功率，同时建设完善产品信息追溯系统，提高产品全生命周期追溯能力。

面向电子信息行业，可开发覆盖电子3C产品生产制造全流程的专用模型库，构建面向采购供应、生产制造、安全库存等全环节的状态感知分析能力，推动工业可视化、缺陷检测、产品组装定位引导、机器人巡检等典型场景的创新应用，提高电子产品和芯片自主研发能力，提升国产芯片水平和电子3C产品质量。

面向软件和信息技术服务行业，可针对工业基础模型的构建，发挥人工智能技术在文献数据获取、实验预测、结果分析等方面作用，利用机器学习、自然语言处理、计算机视觉等人工智能技术，加强工业基础模型的垂域模型可靠性、一致性分析，深化工业模型、知识图谱、链式推理、模型堆叠技术的整合，提高工业基础模型的训练与迭代效率，增强工业软件产品的自主研发创新能力。

（三）工业领域典型场景不断丰富

近年来，人工智能技术加速向工业领域融合应用，形成一批"人工智能+"典型场景，基于智能化的模型算法加强数据监测分析，并利用机器学习等技术实现算法模型本身的不断训练和迭代优化，为研发设计、生产制造、经营管理等工业活动的智能化应用提供了坚实基础。

智能化产品设计场景：运用人工智能技术对研发设计三维模型进行迭代优化，利用云端的扩展性实现物理设计自动化，简化系统设计流程，有效提高产品功能、性能、结构、外观、可靠性、安全性等方面的研发效率和开发精度，缩短研发设计周期并降低成本。

智能化工艺仿真场景：运用人工智能技术对工艺仿真的模型和算法进行模拟优化，通过生成式人工智能辅助建模，基于工艺知识库的集成应用，有效提高仿真效率，改善产品设计和制造工艺，并在模拟仿真过程中产生大量数据，为工业大模型持续优化提供数据基础。

智能制造场景：运用人工智能技术提高基于数据模型的智能决策水平，基于垂类大模型加强工业排产规划深度学习，实现工业排产规划设计的智能优化，促进生产效率提升。同时，利用人工智能技术加强生产过程与产品质量控制，持续迭代优化产品质量检测模型，实现不合格产品自动分析和问题寻源，通过智能分析和自动优化提高产品质量与稳定性。

智能化能源管理场景：运用人工智能技术加强能耗数据实时监测与分析，优化工业生产过程关键环节的能源使用和调度，实现能源循环高效利用，有效节约能源消耗、减少能源浪费、降低碳排放量。同时，通过提高生产设备的智能化管理水平，加强设备预防性维护，保障生产经营活动正常进行，有效减少因设备故障停产导致的能源浪费。

三 推进人工智能赋能新型工业化面临的主要问题

人工智能技术在工业领域融合应用已成为大势所趋，我国大力推进人工智能赋能新型工业化发展，顶层设计不断完善，应用成效逐渐显现，但是在技术能力、配套基础、应用场景、企业准备等方面仍需进一步强化，持续拓展人工智能赋能新型工业化的广度和深度。

（一）人工智能技术水平与创新能力不足

目前，我国人工智能技术发展尚不成熟，人工智能基础模型算法、融合人工智能技术的工业软件、人工智能芯片等方面的自主研发创新仍有较大的提升空间。此外，我国人工智能技术应用在算法模型准确率、响应速度以及交互式问答、支持语言种类等方面的水平仍需进一步提升，尤其是难以满足对工业企业智能化生产等应用场景的高精准度、低容错率要求，要普及推广工业领域人工智能技术应用，现阶段技术水平尚有不足。

（二）人工智能应用配套基础能力仍需加强

人工智能赋能新型工业化发展需进一步夯实数据、算力、能源等配套基础。目前，我国加快构建数据基础制度，利用海量数据资源和应用场景的优势，不断激活数据要素潜能，同时深入实施"东数西算"工程，加快构建全国一体化算力网，并统筹推动算力与绿色电力一体化融合，为人工智能应用打造更加坚实的配套基础。人工智能应用方向精准、明确，但在大数据的采集、处理、存储、传输、交易、共享，以及算力的性能、规模、利用率等方面，仍需在现有基础上进一步提升能力，以适应未来人工智能技术的发展需要。

（三）人工智能赋能新型工业化应用场景有待开发

人工智能赋能新型工业化发展具体体现在智能化场景的深度应用，目前我国工业领域应用较为常见的智能化场景主要有工业质检、预测性维护等，但在智能感知、智能学习、智能计算、智能优化和智能决策等技术功能与工业场景的融合应用和拓展开发方面仍有较大提升空间，亟须提升工业场景基于大模型、大数据的深度学习与迭代优化能力，持续拓展开发智能研发设计、设备智能化管理、供应链智能化管理、智能决策与服务等方面的具体应用场景，更好地以人工智能技术赋能工业转型升级。

（四）人工智能普及应用的企业主体尚未准备充分

企业是人工智能技术产业化应用的主体，企业层面的意识培养、基础建设和能力提升是加快人工智能技术普及推广的关键，目前我国仅有少数头部企业开展了人工智能技术应用实践，仍有企业尚未认识到人工智能技术对于未来产业发展的颠覆式变革影响，同时大部分企业尚未做好人工智能技术应用的基础准备，截至2023年底，我国企业智能制造就绪率仅为14.4%[1]。从全球来看，近一半（47%）的受访企业尚未做好技术变革加速的准备，只有27%的受访企业已经准备好扩大生成式人工智能的应用规模[2]。

---

[1] 根据两化融合公共服务平台（www.cspiii.com）监测数据测算得到。
[2] 埃森哲《技术展望2024》研究报告中的全球企业高管调研结果。

四　加快推动人工智能赋能新型工业化可行路径建议

在当前人工智能技术快速发展的背景下，针对人工智能赋能新型工业化发展过程中存在的技术能力、配套基础、应用场景等方面不足的问题，建议各级政府围绕领军企业培养、配套基础夯实、应用场景拓展、跨领域融通发展等方面加大支持力度，提升人工智能赋能新型工业化发展的价值和成效。

（一）支持人工智能领军企业创新发展

人工智能技术的自主创新与实践应用需要大量资源投入和配套基础设施建设，通常需要以行业领军企业为主力军先行先试，待取得一定成效并总结出通用路径方法后，再向广大企业普及推广。因此，在当前人工智能技术总体仍处于早期探索阶段的情况下，建议重点加大对人工智能领军企业的支持力度，引导领军企业增强人工智能技术创新应用的内生动力，充分汇聚市场创新资源、激发市场创新活力，从而加快人工智能技术自主创新进程，实现对全球人工智能发展领先国家与地区的追赶和超越。

（二）强化人工智能基础设施开发建设

人工智能技术的产业化应用推广要求企业具备数据、算力及其他数字化基础支撑，从而更好地发挥人工智能技术对于企业数据要素价值挖掘以及数字化生产管理等业务活动的赋能成效。因此，建议各级政府推动数字化基础较好的企业加强人工智能基础设施建设，通过设备改造升级、网络改造升级、软件系统更新换代、数据治理能力建设、算力供给体系建设等方式，为加快企业人工智能技术应用推广夯实基础底座，同时提升现阶段企业的数字化、网络化、智能化水平，助力制造业高质量发展。

（三）拓展人工智能技术应用典型场景

智能化场景是人工智能技术应用的基础单元，通过汇聚组合智能化技术工具、模型数据资源、设备设施和人员等要素，充分发挥人工智能技术对企业的提质降本增效作用。因此，建议各级政府引导企业结合转型发展需求，培育拓展智能化应用场景，构建涵盖调度排产、资源配置、物料输送、能耗分析的生产数据模型库，基于人工智能大模型加强对企业研发、生产、管理、服务全流程的深度分析，提高计算优化和自主决策能力，进而构建起虚实融合、知识驱动、动态优化、安全高效、绿色低碳的智能制造系统，帮助企业提升生产效率、产品质量和安全水平，降低生产成本和能源消耗。

（四）促进人工智能的跨领域融通发展

人工智能技术创新与普及推广需要教育、金融等多领域共同发力，为人工智能赋能新型工业化发展提供人才、资金等资源保障。因此，建议加强人工智能领域的产教融合与产融合作，构建多层次、体系化、高水平的人工智能复合型人才培养机制，打造产学研融合、区域协调联动的人才培养与输送模式，同时强化财

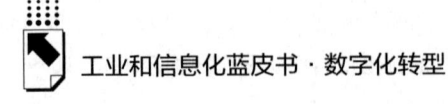

政专项资金统筹，引导各级财政资金加大对人工智能技术创新应用的投入力度，以财政资金带动多元化、多渠道的社会资金投入，鼓励金融机构积极为人工智能相关企业提供综合性金融服务，通过跨领域融通充分汇聚资源要素，促进我国人工智能技术能力和应用水平加速提升。

参考文献

孟凡君：《工业和信息化部部长金壮龙：人工智能赋能我国新型工业化显著加速》，《中国工业报》2024年3月12日。

卢梦琪：《人工智能赋能新型工业化是加快建设制造强国的技术路线》，《中国电子报》2024年4月9日。

吴双：《推动数智赋能新型工业化》，《人民邮电报》2024年3月15日。

蔡跃洲、陈楠：《新技术革命下人工智能与高质量增长、高质量就业》，《数量经济技术经济研究》2019年第5期。

邹蕾、张先锋：《人工智能及其发展应用》，《信息网络安全》2012年第2期。

曹静、周亚林：《人工智能对经济的影响研究进展》，《经济学动态》2018年第1期。

平 台 篇

B.3
工业互联网平台监测分析体系建设与实践研究

工业互联网平台监测分析课题组[*]

摘　要： 当前，我国工业互联网已进入规模化发展新阶段，工业互联网平台体系基本形成。随着平台数量不断增加，行业管理部门亟须监测服务引导工业互联网平台高质量发展。在此背景下，

---

[*] 课题组成员：陶炜，国家工业信息安全发展研究中心系统所所长，高级工程师，从事工业互联网、数字化转型领域研究；杜洪涛，博士，国家工业信息安全发展研究中心系统所副所长，副研究员，从事工业互联网、数字化转型领域研究；岳利媛，国家工业信息安全发展研究中心系统所工程师，从事工业互联网、数字化转型领域研究；马思明，国家工业信息安全发展研究中心系统所工程师，从事工业互联网、数字化转型领域研究；祝托，国家工业信息安全发展研究中心系统所工程师，从事工业互联网、数字化转型领域研究；王婷婷，国家工业信息安全发展研究中心系统所高级工程师，从事工业互联网、数字化转型领域研究。

本文聚焦工业互联网平台监测分析体系，介绍了体系建设内容及实践成果，主要包括指标体系、平台体系以及数据创新应用服务三部分，为各方开展监测分析工作提供规范化指引。推进建设工业互联网平台监测分析体系有利于摸清平台基础底数、掌握平台发展阶段态势、分析研判平台发展方向，促进工业互联网产业健康有序发展。

关键词： 数字化转型　工业互联网平台　监测评价指标体系　数据监测　运行分析系统

一　研究背景

（一）我国工业互联网发展步入新阶段

工业互联网作为数字经济和实体经济深度融合的关键底座，是新型工业化的战略性基础设施，也是新质生产力加速形成的关键。习近平总书记就推进新型工业化作出重要指示："5G+工业互联网"是推进新型工业化的重要基础设施，是加速数字中国、网络强国建设的重要力量，是推动工业制造企业数字化转型的重要引擎。工业和信息化部部长金壮龙在"2023中国5G+工业互联网大会"上指出，将聚焦"网络为基础、平台为中枢、安全为保障、标识为纽带、数据为要素"五大功能体系，打造"5G+工业互联网"升级版，为推进新型工业化、建设现代化产业体系提供坚强的支撑。

当前，我国工业互联网已进入规模化发展新阶段，工业互联网已融入49个国民经济大类，覆盖全部工业大类。为推动"5G+工业互联网"规模化发展，工业和信息化部于2023年11月印发《"5G+工业互联网"融合应用先导区试点建设指南》（以下简称《指南》），《指南》鼓励以5G、工业互联网的应用情况衡量企业信息化发展水平，加快工业互联网规模化发展，推动制造业"智改数转网联"。现阶段，工业互联网产业高质量发展萌生新需求，掌握产业发展底数、把握产业发展态势、找到精准发力点对促进工业互联网健康有序发展尤为重要。

（二）工业互联网平台发展现状及需求

工业互联网平台是工业互联网建设的核心、创新发展的关键。我国工业互联网平台发展已经过强引导、高投入、扩规模的初期建设阶段，工业互联网平台由概念普及走向实践深耕，呈现"聚合—沉淀—赋能"的演进发展趋势。当前，我国多层次、系统化的工业互联网平台体系基本形成，已培育跨行业跨领域工业互联网平台50家，具有一定影响力的综合型、特色型、专业型平台达340余家，工业设备连接数达9600万台套。

近年来，我国工业互联网平台发展的特点突出表现为以下几点。一是需求集聚潜力大。我国制造业规模体量大，传统产业在制造业中占比超过80%，传统产业转型升级对工业互联网平台有丰富的内在需求。对传统产业进行全方位、全链条的改造，推动打破工业要素配置的时空限制，打通生产、分配、流通、消费各个环节，为工业互联网平台融合应用提供了广阔场景。二是技术创新灵活。工业互联网平台技术持续突破，与5G、区块链、工业视觉、VR/AR等新兴信息技术的融合应用日益深入，覆盖场景日趋广泛，涌现出一批"平台+"创新解决方案，推动数字技术与工业发展深度融合，发挥数字技术对经济发展的放大、叠加、倍增作用。三是平台能力稳步提升。平台企业功能定位日趋专业化，数字底座型、解决方案型、通用软件/工具型和操作系统型平台差异化发展路径逐渐明晰。

工业互联网平台作为数据汇聚的"交通要塞"，汇聚了海量领域资源，掌握行业领域动态一手数据，是推动全产业链优化升级的关键节点，也是链接政府、工业企业、第三方机构等各类主体的重要桥梁。在工业互联网规模化发展新阶段，为促进产业高质量发展，亟须开展平台监测分析服务引导平台健康发展。一是需监测、规范工业互联网平台发展态势。工业互联网平台方兴未艾，当前平台仍存在发展水平参差不齐、平台技术基础各异、平台监测复杂度高、生态协同难度大等问题，需摸清工业互联网平台基础底数，掌握平台发展阶段态势，分析研判平台发展方向，采取必要技术手段监测并规范引导各类平台建设，促进跨行业跨领域的综合型平台、行业和区域特色型平台、技术领域专业型平台健康有序发展。二是需掌握区域产业个性化平台发展需求。工业互联网平台各区域产业差异化明显，当前工业互联网平台政策、技术支撑服务在区域产业个性化方面存在不足，需掌握区域产业特色，进一步提供个性化平台支撑服务。需将区域特色、行业亮点纳入支撑服务工作中，建立与现代化产业体系相适应的工业互联网平台监测体系，进而探明工业互联网平台地区差异化发展特色。三是工业互联网平台数据价值挖掘待突破。工业互联网平台沉淀的海量数据，能够动态反映我国工业互联网产业发展现状与趋势，为社会各界构建工业互联网平台发展生态提供科学依据和有效引导。然而现有平台支撑服务工作存在产业底数不全面、数据价值挖掘不充分、生态合作服务创新模式不足等问题。需打造监测分析工具，推动平台企业以建聚数、以数促建，用数据成果反馈平台建设成效及制造业数字化转型水平，推动平台数据管理规范化，提升平台互联互通水平。

深入推动工业互联网平台监测分析，构建平台监测分析体系，规范引导各类平台建设，有利于推动工业互联网产业高质量发展。

（三）平台监测分析推进基础及建设意义

党中央高度重视工业互联网平台监测分析工作。国务院印发的《关于深化"互联网+先进制造业"发展工业互联网的指导意见》首次提出"建立工业互联网发展情况动态监测和第三方评估机制，开展定期测评和滚动调整"。工业和信息化部在《工业互联网创新发展行动计划（2021—2023年）》中提出"编制完善工业互联网平台监测评价指标体系，支持建设平台监测分析系统，提供平台产业运行数据分析服务"的细化要求。《"十四五"信息化和工业化深度融合发展规划》提出"组织开展工业互联网平台监测分析，完善平台数据自动化采集，研发平台监测分析模型，编制发布工业互联网平台发展指数"的工作部署。

为深入贯彻工业互联网创新发展战略，落实《工业互联网创新发展行动计划（2021—2023年）》关于"建设平台数据监测与运行分析系统"相关要求，在工业和信息化部信息技术发展司的指导下，由国家工业信息安全发展研究中心牵头，联合相关部属单位建成工业互联网平台监测分析工作组，共同开展相关工作。自2020年起，工业互联网监测分析工作已稳步推进4年，构建了工业互联网平台监测分析体系。一是建立并完善了工业互联网平台监测分析指标体系，为各方开展监测分析工作提供规范化指引，也有利于推动平台数据管理规范化。二是建设工业互联网平台监测分析系统，打造平台数据采集、传输、存储、使用的技术底座，有利于动态监测关键指标，摸清工业互联网平台基础底数，掌握平台发展态势。三是深入挖掘数据价值，通过排名、指数、画像等形式，分行业、分区域、分场景展现平台核心产品与服务供给能力，掌握区域产业个性化平台发展需求，完善平台合作生态。

建设工业互联网监测分析体系有利于推动工业互联网健康有序发展，进而推动制造业高端化、智能化、绿色化发展，引领产业优化升级，加快产业数字化转型。

二 监测分析体系重点建设内容

监测分析体系建设坚持以习近平新时代中国特色社会主义思想为指导，按照国家制造强国和网络强国战略部署与要求，致力于推动制造业高端化、智能化、绿色化发展，加快发展数字经济。一是构建开放、包容、多级的监测分析指标体系。二是打造"总—分"架构的监测分析平台体系。三是提出"六位一体"的工业互联网平台创新服务模式。

（一）开放、包容、多级的监测分析指标体系

建立开放、包容、多级的工业互联网平台监测分析指标体系，有利于推动平台数据管理规范化，引导平台重点能力发展方向和评价导向。形成一套统一、规范、可操作的监测流程，有利于规范开展工业互联网平台监测分析的相关工作要求，有利于规范监测分析的内容、接口服务及数据管理等相关内容。

工业互联网平台监测指标体系包括全国统一核心指标和区域特色指标。全国统一核心指标具备统一性、科学性、综合性、可操作性、动态性等特征，适用于我国整体工业互联网平台，同时根据我国平台发展情况和实际需要不断调整优化。区域特色指标结合区域特色、行业亮点，包含分类、监测指标项、单位、更新频率、指标解释等内容，挑选能表征区域产业规模"量"的指标，结合表征区域企业活跃度"质"的指标，有序引导区域平台实现高质量发展。各区域推荐"优选指标"，融合后形成"精选特色指标"，结合统一核心指标，形成全国统一指标体系。

（二）"总—分"架构的监测分析平台体系

在工业互联网平台监测指标体系的指导下，搭建工业互联网平台监测分析系统，为平台数据实时采集和分析提供载体，建设全国总平台和各区域分平台，形成"总—分"架构的监测分析平台体系，打造数据采集、传输、存储、使用的技术底座，摸清工业互联网平台基础底数，掌握平台发展态势。

监测分析平台突破面向多元、多维数据融合的模型构建技术，

针对多种异构数据接入的应用场景，结合工业知识及产业链协同业务流程，汇聚平台资源池，构建数据中台，建立工业互联网平台管理引擎，为工业互联网平台海量工业数据提供数据加工、分析挖掘、共享及数据可视化等服务能力。围绕总体底数掌握区域联动发展趋势，针对当前工业互联网平台异构数据，支撑监测分析全局化融合与个性化匹配需求，开展区域工业互联网平台监测分析工作的应用推广，建立"全国—区域"统一协同的平台监测分析体系，实现工业互联网平台监测分析能力最大化。工业互联网平台监测分析技术架构主要包括数据源接入层、平台基础设施层、平台技术支撑层、创新应用层。

（三）"六位一体"的工业互联网平台创新服务模式

深入挖掘工业互联网平台监测数据价值，推动监测数据应用，形成"赋能排名—发展指数—重点区域—能力画像—应用案例—成效延伸""六位一体"的工业互联网平台创新服务模式，持续提升服务能力。

通过监测分析服务，分行业、分区域、分场景展现平台核心产品与服务供给能力，引导工业企业和平台企业加速供需对接，推动平台落地赋能进程。通过发布工业互联网平台发展指数，向社会各界呈现我国工业互联网平台聚合、沉淀和赋能的发展态势，为我国工业互联网发展新进展、平台企业的新能力以及赋能传统产业的新趋势提供重要依据，有利于提升产业影响力。赋能排名服务引导平台生态良性发展，发展指数洞悉产业发展态势，能力画像服务促进平台企业相互对标提升平台发展质量，应用案例服务引导工业企业和平台企业加速供需对接，成效延伸呈现平台经济新面貌。

三　工业互联网平台监测分析实践

（一）形成监测分析指标体系3.0

在工业和信息化部信息技术发展司指导下，国家工业信息安全发展研究中心联合多家研究机构与平台单位，研制发布《工业互联网平台　监测分析指南》国家标准，规范了开展工业互联网平台监测分析的相关工作要求，包括工业互联网平台监测分析策划、监测分析的内容、接口服务规范及数据管理等相关内容。基于《工业互联网平台　监测分析指南》标准，经过多轮更新迭代，形成全国统一的工业互联网平台监测分析指标体系3.0版本。

指标体系初步明确了分类标准、数据格式和接口模式，围绕工业互联网平台在资源汇聚情况、开发情况、应用情况方面的特点，分为3个大类17个中类44个小类共计332项指标，将工业互联网平台的工业设备、工业模型、工业App等相关指标列入，基本实现了平台相关资源的概要汇聚，促进工业互联网平台间互联互通、良性发展（见图1）。

同时，在原有全国统一核心指标的基础上，加入特色行业、重点区域指标，完善区域指标体系。在区域试点工作中，分析区域产业特色，联合行业专家、区域主管部门，聚焦家电电子、石化化工、纺织服装等重点产业，形成区域特色指标。由区域特色指标和

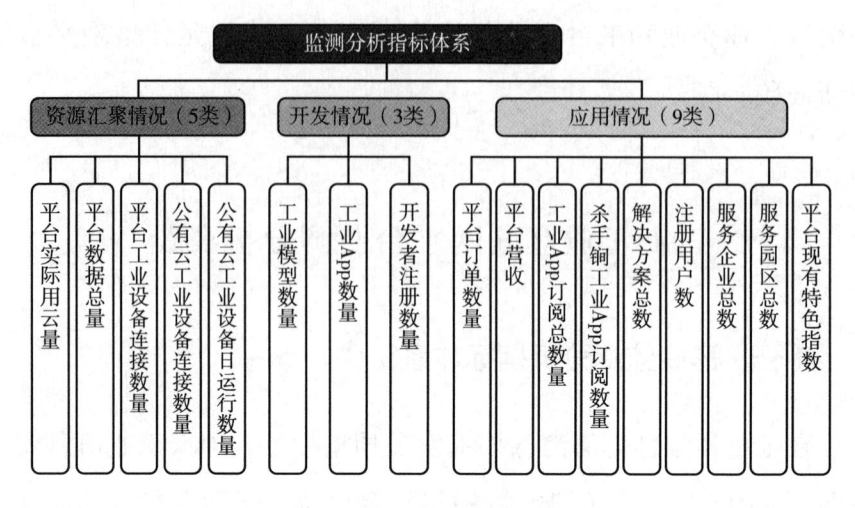

图1 监测分析指标体系

统一核心指标形成区域指标体系。区域指标体系的设定遵循监测分析指南建设要求，包含分类、监测指标项、单位、更新频率、指标解释等内容，挑选能表征区域产业规模"量"的指标，结合表征区域企业活跃度"质"的指标（见图2）。

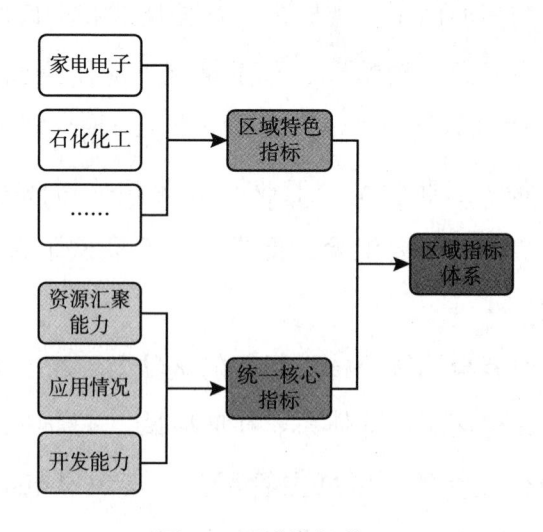

图2 区域指标体系

各区域指标体系向全国统一的工业互联网平台监测指标体系推荐该区域的"优选指标",融合各区域平台的"优选指标",形成"精选特色指标",再纳入全国统一指标体系,最终建成多级联动的监测分析指标体系,并在全国总平台中进行展示(见图3)。

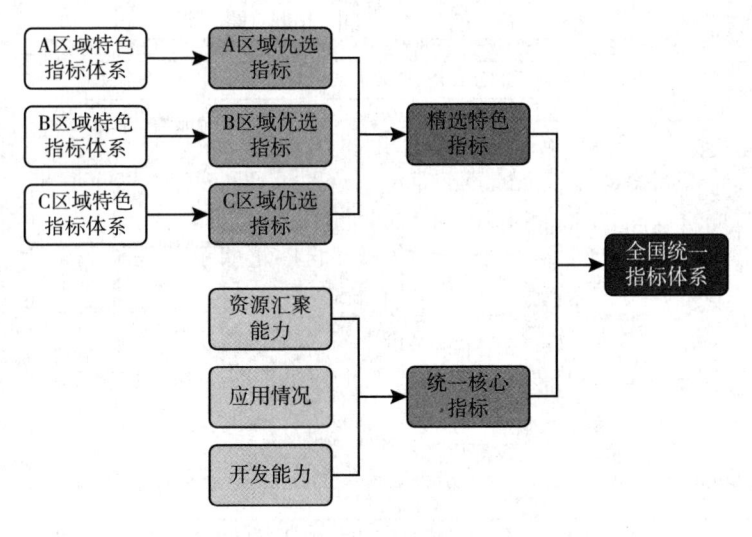

图3 全国统一指标体系

(二)建成监测分析总平台和区域平台

平台是工业互联网监测分析体系的核心,现已建成工业互联网平台监测分析系统(总平台)以及区域工业互联网平台监测分析系统(青岛分平台)。工业互联网平台监测分析系统(总平台)总体架构主要包括数据源接入层、平台基础设施层、平台技术支撑层、平台创新应用层等,如图4所示。

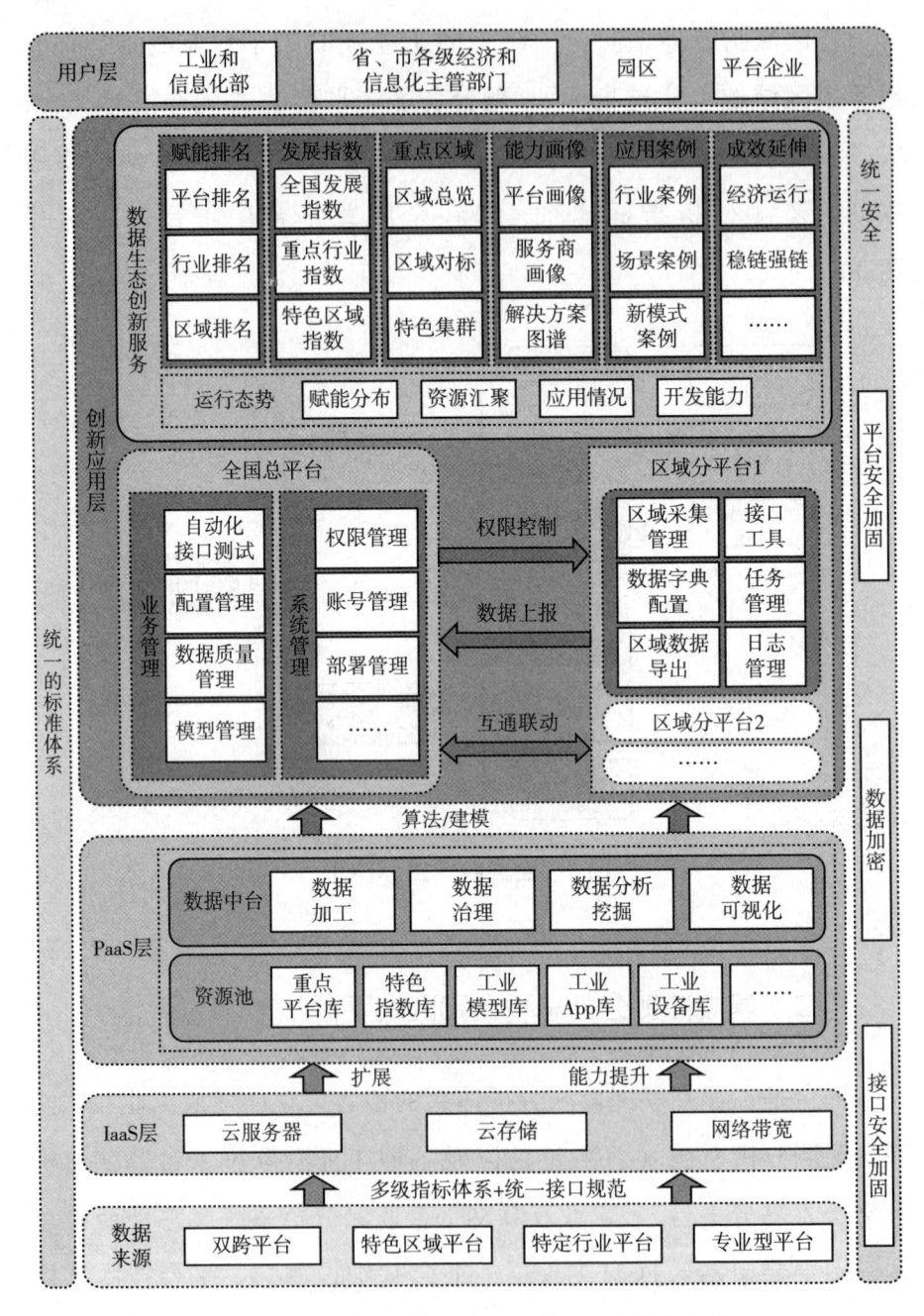

图 4 工业互联网平台监测分析系统技术架构

（1）数据源接入层

数据来源于双跨平台、特色区域平台、特定行业平台、专业型平台等多种平台。面向"双跨平台、特色区域平台、特定行业平台、专业型平台"数据，以统一标准体系为前提，升级为多级指标体系；采用统一接口规范，满足不同应用场景需求，利用平台边缘计算及数据服务总线等方式开展数据接入；采用 API 接口（WebService、RESTful）与文本（Excel、CSV、XML 等）等数据源适配，实现自动化数据传输；采用数据报送系统采集解决方案、典型案例等数据；采用联合模式接入特定行业的数据资源。数据接入为监测分析系统数据可信开放、调用共享提供有力支撑，促进平台间资源和业务协同。

（2）基础设施层

平台基础设施层（IaaS），以高可用、可扩展为能力提升目标，升级云基础设施建设，满足扩大工业互联网平台接入范围、工业知识复用、工业资源创新共享等需求，支撑工业互联网平台监测分析系统上层工业应用的部署及运行。工业互联网平台监测分析系统汇聚国内各大平台的数据及企业信息，平台的安全性是平台服务的重要保障。安全加固主要包括接口安全加固、数据加密、平台安全加固，深化数据接入、数据传输、应用访问、系统登录和控制交换等平台的立体全域安全，提升系统的安全运行能力。

（3）技术支撑层

平台技术支撑层（PaaS），针对多种异构数据接入的应用场景，结合工业知识及产业链协同业务流程，汇集资源池、数据中台，为工业互联网平台海量工业数据提供数据加工、分析挖掘、共享及数据可视化等服务能力。该层架构包含资源池和数据中台两部分。其中，资源池围绕工业互联网平台监测数据形成重点平台库、特色指数库、工业模型库、工业App库、工业设备库等主题库。数据中台，通过对资源池中的数据进行数据加工、数据治理、数据分析挖掘等中台工具组件的开发，构建起面向工业互联网平台监测分析系统的创新应用服务数据资源。

（4）创新应用层

围绕各级政府、园区、平台服务商等角色需求，结合工业互联网平台监测分析指标体系，通过平台支撑层的数据建模与分析，提供数据采信认证、平台画像、解决方案、供需对接、案例展示等创新应用服务，打造工业互联网平台监测服务体系，配备差异化多模式匹配的区域落地服务能力，开展平台排名、指数排名，绘制工业互联网平台监测全景图，为各级政府部门、各类运营主体提供决策支撑和咨询服务。

业务层面，"总—分"架构的平台体系可推动区域监测分析工作落地，完善多级用户体系，提高平台功能的可配置性，借助总平台发展经验能够支撑区域工业互联网产业发展和经济运行。算法模型方面，工业互联网平台监测分析体系提供了多个数据算法模型，包含数据处理模型、知识沉淀模型、趋势预测模型。安全体系方面，系统安全建设主要包括平台安全、数据安全、应用安全、网络安全、工控安全，保障数据接入、数据传输、应用访问、系统登录和控制交换等平台的立体全域安全功能结构，支持数据采集、存储、使用、共享等整个生命周期的安全性和保密性。

（三）扩大接入范围，挖掘数据价值

截至 2023 年 12 月，工业互联网平台监测分析系统（总平台）已与 116 家全国重点工业互联网平台开展对接，包括 50 家双跨平台，超百家平台实现数据自动传输。工业互联网平台监测分析系统（总平台）多维度跟踪工业互联网产业发展，监测数据对接"数字工信"平台，已为各级政府部门创新工程、双跨遴选、试点示范等相关工作的开展提供有力支撑。

利用工业互联网平台监测分析系统深挖平台数据价值，多维度跟踪工业互联网产业发展变化。连续 3 年发布全国工业互联网平台发展指数。该指数为"一总四分"系列指数，"一总"为综合发展指数，表征平台综合发展水平，"四分"为资源汇聚指数、知识沉淀指数、应用活力指数和企业赋能指数。截至 2023 年 12 月，我国工业互联网平台综合发展指数达到 300。分类指数方面，企业赋能指数为 281，知识沉淀指数为 332，应用活力指数为 246，资源汇聚指数为 342（见图 5）。

平台赋能区域发展方面，工业互联网平台区域发展指数共包含 3 个一级指标——平台应用水平、平台规模水平和平台质效水平。其中，平台应用水平表征区域平台资源汇聚与应用赋能情况，包含工业设备连接数量、服务企业数量 2 个二级指标；平台规模水平表征区域平台数量、种类等情况，包含平台连接数量、工业互联网服务商数量 2 个二级指标；平台质效水平表征区域平台获得国家级荣誉、试点等情况，包含双跨数量、试点示范数量、创新领航数量 3 个二级指标。

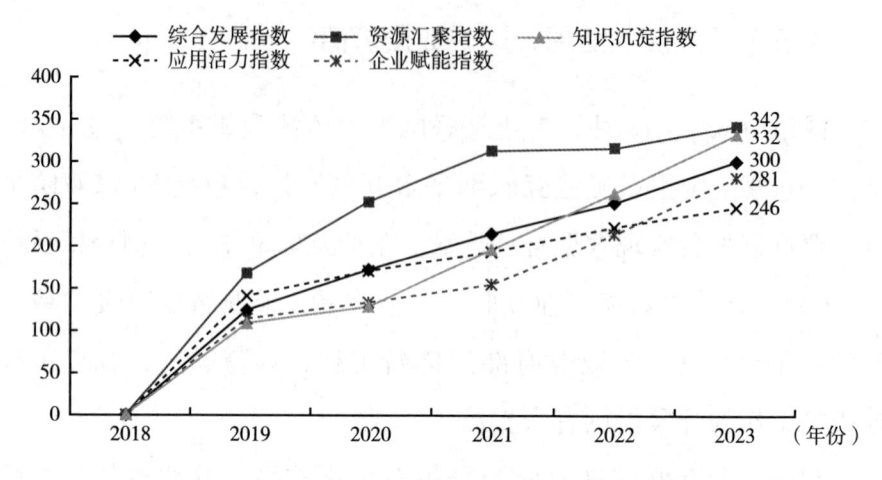

图 5　2018~2023 年工业互联网平台发展指数

资料来源：国家工业信息安全发展研究中心。

平台赋能行业方面，从工业 App 行业应用来看，整体分布如图 6 所示，应用于机械、电子、家电、轻工行业的工业 App 数量最高，合计占比达 44.8%。从服务企业所在行业分布来看，如图 7 所示，机械行业以 14.7% 的占比排在第一位，随后是轻工和电子，所占比重分别为 12.2%、9.6%。

（四）提供工业互联网平台监测分析创新应用服务

对工业互联网平台监测分析系统汇聚的数据资源进行深入加工利用，打造"赋能排名—发展指数—重点区域—能力画像—应用案例—成效延伸"的"六位一体"服务模式，提供工业互联网平台监测分析创新应用服务，推动重点工业互联网平台推广应用。

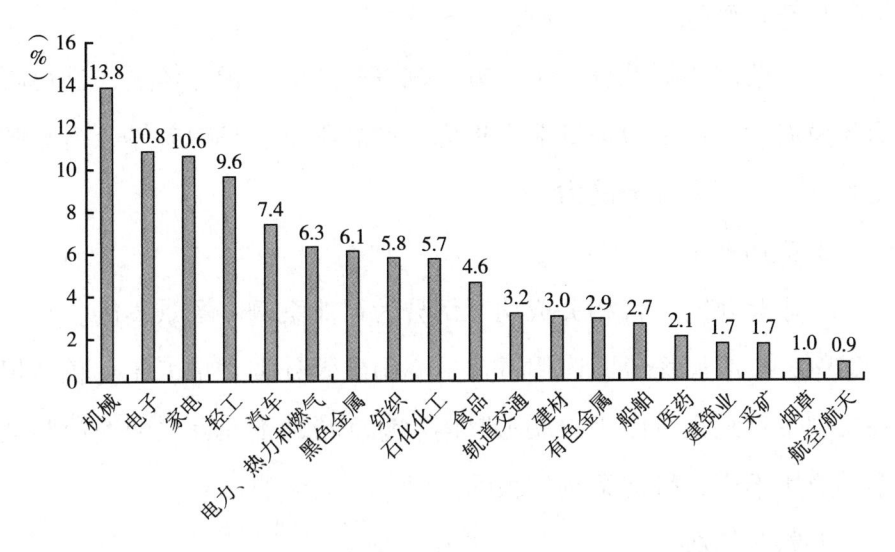

图 6 重点平台工业 App 应用行业分布

资料来源：国家工业信息安全发展研究中心。

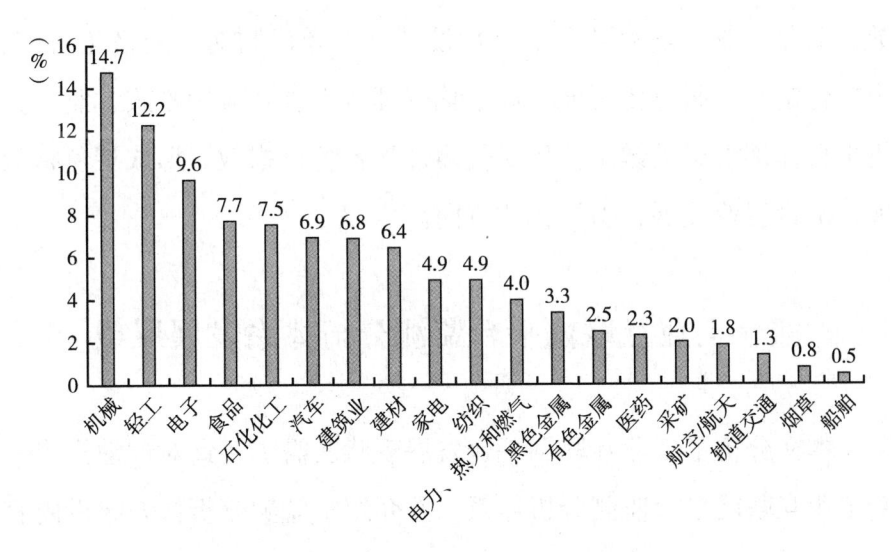

图 7 重点平台服务企业行业分布

资料来源：国家工业信息安全发展研究中心。

1. 平台画像

基于监测指标数据、第三方数据等构建画像指标体系，进行画像建模展示，从平台关键能力指标、产品服务、平台总体介绍等维度综合刻画平台服务能力。

2. 应用案例

工业互联网平台相关成功案例分为行业案例、场景案例、新模式案例，按应用场景、应用行业、应用成效分类，将工业互联网相关典型案例汇集，向用户展示案例信息。帮助工业互联网平台典型案例应用推广，打造案例样板间。

3. 特色指数

全国各家工业互联网平台深耕重点行业，基于对产业的深入赋能和海量数据汇聚，形成了一批反映行业发展现状的平台特色指数，涵盖工业互联网平台平台化设计、智能化制造、网络化协同、个性化定制、服务化延伸、数字化管理六大创新应用模式。监测分析平台择优汇聚关键工业领域代表性平台特色指数，形成特色指数库，衡量行业发展，引导行业方向。

四 工业互联网平台监测分析体系发展展望

本文分析了工业互联网平台发展现状及需求，针对性地提出一套工业互联网平台监测分析体系，并介绍了监测分析体系建设内容及实践成果，通过建设工业互联网平台监测分析体系，深入挖掘监测数据应用价值，促进工业互联网产业高质量发展。

工业互联网平台监测分析体系通过构建开放、包容、多级的指标体系，形成"总—分"架构的平台体系，提出"六位一体"的工业互联网平台创新服务模式，给出推动工业互联网高质量发展的系统性解决方案。有利于摸清工业互联网平台基础底数，掌握平台发展阶段态势；有利于支撑区域产业个性化发展需求；有利于深入挖掘工业互联网平台数据价值。

在工业互联网规模化发展新阶段，未来平台监测分析工作需持续扩大平台接入规模，更全面、更精准地反映平台发展情况；更大范围落地"总—分"架构平台，掌握各区域各产业工业互联网个性发展需求，支撑各区域掌握工业互联网区域特色及行业亮点；更深入推广监测分析应用服务、创新服务模式，有效挖掘监测数据应用价值。

参考文献

何小龙、李君、周勇、张旭：《工业互联网平台应用现状及发展对策》，《科技管理研究》2021年第10期。

白云朴、陈琴琴、李果：《我国工业互联网政策研究的现状与趋势》，《互联网天地》2022年第4期。

周志勇、赵潇楚、刘合艳、郭慧、任涛林：《国内外工业互联网平台发展现状研究》，《中国仪器仪表》2022年第1期。

国家工业信息安全发展研究中心：《2022工业互联网平台发展指数报告》。

国家工业信息安全发展研究中心：《2021工业互联网平台发展指数报告》。

国家工业信息安全发展研究中心：《2020工业互联网平台发展指数报告》。

B.4 工业互联网平台+园区数字化转型发展模式与实践研究

陶炜 王雪红 李清敏*

摘　要： 工业互联网平台作为先进制造业与新一代信息技术融合发展的必然产物，正逐渐成为助力园区数字化转型升级的重要抓手。本文介绍了产业园区数字化转型发展的现状和问题，分析了工业互联网平台对推动产业园区数字化转型发展和产业结构优化升级的重要作用，阐述典型模式和实践案例，并提出了下一步推动平台进园区发展的对策和建议：政府侧，统筹资源布局，促进平台进园区；应用侧，塑造正确理念，引领数字化发展；供给侧，抢抓发展机遇，探索新场景应用。

关键词： 数字化转型　工业互联网平台　产业园区

产业园区作为我国产业发展的重要载体，担负着聚集创新资源、

---

* 陶炜，国家工业信息安全发展研究中心系统所所长，高级工程师，从事工业互联网、数字化转型相关领域研究；王雪红，国家工业信息安全发展研究中心系统所工程师，资深研究员，从事数字化转型、工业互联网、产业园区、数字经济相关领域研究；李清敏，国家工业信息安全发展研究中心系统所高级工程师，从事工业互联网平台建设、数字化转型等相关领域研究。

培育新兴产业、助力产业实现高质量发展等一系列重要使命。目前，多地产业园区正积极探索应用工业互联网平台推动产业园区实现数字化转型。通过深入推进物联网、大数据、人工智能等新一代信息技术，提高园区治理水平和服务效能。何涵韬分析了我国智慧园区信息化建设现状，对AIGC在智慧园区信息化建设中的应用场景设想进行了探讨，以期推动AIGC技术在智慧园区信息化建设中的应用。[1] 吴正平认为通过数字化转型可帮助企业实现管理模式创新、智能制造纵深发展以及数字化运营模式打造，让管理更高效、生产更智能、运营更敏捷。[2] 周强等设计并建设应用场景支撑产业园区全生命周期的规划、建设、管理、运营以及园区空间价值提升，形成园区、产业、市场和社会的数字化运行理念和方式。[3] 周剑等从建立传统产业数字化发展平台、加强数字化人才培养、设立数字化试验园区、加强数据安全保护体系建设方面提出一系列转型升级优化路径。[4]

一 产业园区数字化转型发展现状

（一）数字化园区建设的投入规模持续增长

随着我国经济的发展，我国产业园区的数量和规模持续增长，

---

[1] 何涵韬：《AIGC技术赋能智慧园区信息化建设》，《科技创业月刊》2023年第S1期。
[2] 吴正平：《基于智能物联的智慧园区应用研究与实践》，《中国安防》2024年第3期。
[3] 周强、唐伟、孙浩等：《基于CIM的智慧园区技术探索与落地实践》，《土木建筑工程信息技术》2024年第1期。
[4] 周剑、徐小鹏、蔡丽等：《数字经济推动传统产业转型升级的机理与路径研究》，《互联网周刊》2024年第2期。

截至目前，我国国家级产业园区达到500余家①，省级园区达到2000余家，全国各类型产业园区达到2万多家。在国家政策的大力推动下，各级政府及企业对数字化转型的认知逐渐深化，纷纷加大投入力度。2022年1月，《"十四五"数字经济发展规划》明确提出"推动产业园区和产业集群数字化转型"，为产业园区加快数字化转型明确发展方向。为了促进本区域内园区及产业数字化转型，各省份也纷纷制订了规划和指导意见，这不仅体现了各省份对数字化转型的高度重视，也为园区和产业提供了明确的发展方向和路径。比如，浙江省印发的《浙江省推进数字化园区建设实施方案》，上海市发布的《关于加快推进本市智慧园区建设的指导意见》等。可以说，近年来，我国各级政府在产业园区数字化转型方面的投入逐年增长，各级财政资金、社会资本等多渠道投入，加速推动了园区数字化转型的进程。

（二）园区建设重点随着发展阶段各不相同

产业园区的数字化发展大致可分为四个阶段，在园区数字化发展的1.0阶段，建设重点在于铺设了内部网络设施、办公OA，刚开启数字化办公，例如，利用办公OA取代传统的办公方式；在园区数字化发展的2.0阶段，园区重点在于完成若干碎片化、烟囱式的"互联网+政务"、企业服务、信息公开等单系统建设；在园区数字化发展的3.0阶段，基于相对完善的基础设施，产业园区应注重打破信息孤岛，促进数据共享，利用数据实现园区管理效率的提

---

① 根据工业和信息化部、商务部网站相关资料整理。

升,例如实行云化管理;在园区数字化发展的4.0阶段,产业园区探索应用平台实现业务全链接、数据全融合、系统全打通以及内部各部门和企业之间的高效运转和治理,可以着重于创新发展模式和商业模式,寻找新的经济增长机会,构建新的发展态势,例如,将线下实体园区与线上园区实现虚实融合,构建基于数字孪生的产业集群等。

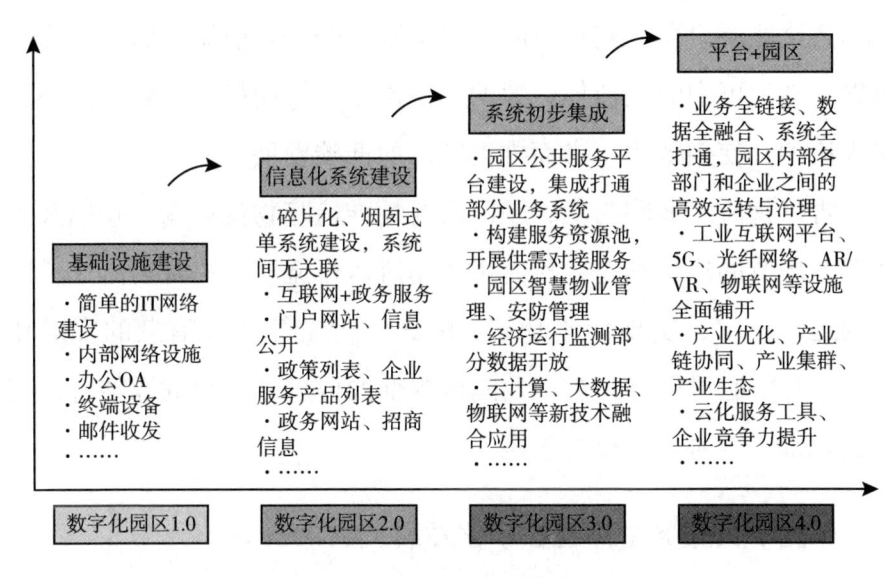

图 1　产业园区数字化发展历程

资料来源:国家工业信息安全发展研究中心整理绘制。

(三)不同类型的园区数字化建设特色不一

园区的类型不同也使产业园区的数字化转型建设重点有所不同。在推进工业型园区的数字化进程中,重点考虑的是赋能入园企业的生产数字化转型。工业企业对生产制造、产业链协同等场景的需求迫切,数字化服务内容需下沉至企业层面,进而推动入园企业实现生产制造场景的全面数字化。

以高耗能、高排放产业集聚的园区为例，在国家"双碳"目标的指引下，园区数字化的重要任务在于构建能源互联网，以支持碳减排工作。一方面，园区需紧密跟随能源结构"去中心化"的发展趋势，积极部署微电网系统，并广泛安装光伏发电、储能电站等设施；另一方面，园区还需加速建设能源互联网云平台，通过监控和云化能源设备，实现对园区微电网中分布式能源、储能、充电桩以及其他可中断负荷等资源的灵活调度，从而提高可再生能源的接入比例和使用效率，进而推动园区的低碳发展。

再以物流产业园为例，园区需要精准追踪物流运输、仓储及配送等各环节的信息动态，从而优化物流运作流程，提升物流产业园区的运营效率，实现物流仓储、配送、运输等环节信息的实时传递。同时，通过促进物流产业园区内部的信息共享与资源整合，有效提升供应链协作的整体效能。

（四）各服务主体在数字化发展上需求各异

产业园区内涉及政府、园区管委会、入驻企业、服务商等多方主体，各主体在数字化发展上的要求各不相同。作为园区的管理核心，园区管委会/政府希望通过工业互联网平台来加强园区企业管理、安全生产、能源调控、产业洞察等方面的精准治理能力。企业希望借助工业互联网平台，能够应用更多场景化的解决方案，提升自身的数字化、网络化、智能化水平。服务商则希望以"园区+平台"的模式为基石，进一步拓展工业互联网平台的应用场景，推动产品在市场中的实际应用与迭代。

二 产业园区数字化转型存在的问题

从发展现状来看，园区数字化转型成为必然趋势。然而，随着园区数字化程度不断提高，智慧化场景融合不断深入，园区开展数字化转型建设也逐步面临标准不统一、数据集成应用难度大、数字化投入大等多个痛点与挑战。

（一）数字化转型标准不统一

在国家层面，工业和信息化部、住房和城乡建设部等有关部门基于各自职责范围，针对智慧园区、城市CIM平台建设等细分领域已经制定了相应的标准和导则。然而，对于园区数字化转型的整体规划布局尚显不足，缺乏关于转型重点、基本要素、技术能力、参考架构等方面的统一规范与普适性指导。在地方层面，广东、重庆、成都等省市的相关部门虽已根据园区类型、特点与需求，尝试制定了地方性的导则和标准，但其可复制性与推广性尚需进一步验证。在服务商层面，华为、腾讯、平安等智慧园区解决方案提供商虽各自提出了不同的解决方案，但标准不一，这在一定程度上阻碍了园区数字化的有序发展。

（二）园区数据集成应用难度大

数据是数字化的基础。数据作为数字化的基石，其质量直接影响着数字化进程的推进。我们也看到大部分园区都已经开展或准备开展数字化转型建设，无论是信息基础设施还是信息业务系统建设都具备一定基础。但是由于园区内有线、无线网络多属于独立部署的方式，各部门信息系统也都封闭管理、独立运行，导致数据来源多样、采集标准不一、数据集成难度大、质量参差不齐、数据采集完整性不足等问题，难以满足实际应用需求。同时由于缺乏统一的数据标准和规范，数据难以实现有效整合和共享。

（三）园区数字化投入大、协作难

园区数字化转型是系统工程，其存在投入资金庞大、回报周期较长等特性，往往依赖多种技术的融合创新，并且以实际应用场景为载体，逐步推动数字化应用。为此，政府、资本、企业等多方主体的协同合作至关重要。在目前的市场上，尽管传统IT厂商、互联网企业、地理信息企业、人工智能企业及电信运营商等各类企业纷纷涌入园区数字化领域，但由于缺乏统一的底层技术标准，企业间难以实现协同合作。同时当前园区数字化的投入主要依赖于政府财政支持，而社会资本的参与明显不足，金融产品的创新也显得匮乏。这种投入格局未能充分发挥政府引导、企业主导、市场运作的优势，限制了园区数字化发展的速度和深度。

（四）数字化服务内容有待提升

园区数字化转型的投资主要在基础设施和运营管理这两个领域。园区数字化转型能提供的服务内容也主要集中在园区管理、公共服务、园区运营管理等领域，即数字化服务管理的深度不够。比如，现阶段运营管理主要围绕园区内部智慧物业、智慧停车、电子政务、能源监管等公共服务和管理领域。现有的服务管理模式很少能提供满足企业个性化业务发展、产业集群协作和政府监测监管统筹等深度的数字化服务内容，比如，对于园区主导产业集群的线上服务，对于园区企业的线上云化服务等。同时，园区提供的服务模式较为单一、复制推广难度大，尤其是园区内中小企业很难以低成本享受数字化园区建设红利。

（五）产业数字化重建设轻运营

园区数字化转型后还存在一个关键难点就是"管建不管用"。无论是管理方还是需求方均存在数字化理念缺乏、对于数字化功能和配套设施应用不够、数字系统利用率低等问题。造成这些问题的原因在于：一方面，数字化管理运营团队数字化能力水平有待提升，园区数字化设施应用的配套管理制度体系不够完善等；另一方面，数据安全愈加受到园区管委会、园区入驻企业和服务商的重视，对于园区数字系统的技术安全性要求提高使外部的数字化系统利用率较低。

三 工业互联网平台+园区的几种典型模式

工业互联网平台建设是园区数字化转型的关键途径之一。工业互联网平台不仅能促进企业提质降本增效，而且能实现同行业中产业链上下游企业协同作业，更能推动产业园区整体运行效率和服务效能的提升。

数字化园区不断演进发展，对服务形式、服务内容的深度要求越来越多。工业互联网平台通过构建开放、安全、可持续演进迭代的平台，重新定义了数字化园区。平台在这个数字化转型的系统中扮演着类似神经中枢的角色，横向上能打通园区各业务子系统，纵向上能实现从企业设备到产线的全面链接，集成各类型生态伙伴的服务能力，帮助园区更高效、更敏捷地解决园区数字化阶段存在的问题。

目前，工业互联网平台在园区的应用从资源链接到数据感知汇集分析，再到业务支撑等模块，能够从点到面为园区企业、产业链、园区、政府提供四大服务内容。

（一）园区综合管理

综合运营管理涵盖了物业管理、资产管理、园区运营等多个方面。园区数字化运营管理服务是平台进园区的基础服务内容，也是平台服务园区数字化转型的关键技术应用点。工业互联网平台技术通过汇集、共享、交换等方式，打通政务管理、园区管理、园区监控、产业发展等多个系统，实现数据集成应用管理。与以往智慧园区的关键区别在于，平台能够汇集、共享多个业务系统数据信息，且随着平台应用的深入，不断地打通园区各个业务部门、各个系统的数据壁垒、业务壁垒，解决管理割裂、数据烟囱等问题。

在物业管理方面，可实现对园区内各类设施设备的实时监控和智能维护，精准把握园区的运行状况，及时响应和处理各类突发事件，确保园区的安全稳定运行；在资产管理方面，平台可以实现对园区内各类资产的数字化管理，包括资产的登记、评估、监控和调度等；在园区运营方面，通过平台的数据分析和预测功能，可以助力园区运营者更加精准地把握市场需求和企业需求，制定科学运营策略，也为园区招商引资、政策制定等提供科学依据。

以南港工业区为例，其平台将原本各自独立的周界、门禁、车辆、视频等业务子系统加以整合，实现了统一接入、数据汇聚与建模，形成综合分析展示、集成联动与统一服务能力。同时，园区强化了对全要素数据和服务的管理、使用与分析能力，实现了园区日常工作的精准化管理。目前，平台成功整合应急、安全、环保、自然灾害等专题数据，发布285个图层。

广州民营科技园打造的平台，可赋能6个业务的孪生智脑中心，以及N个全面提升精细化服务管理水平的重点应用场景，通过无人机巡查、智慧安防等全视角、全覆盖应用场景，实现了人车识别、多级联动、远距离指挥功能。通过建设智慧能耗系统，实现园区公共区域用电及购地企业水自动抄表缴费及动态管理分析。

（二）园区企业服务

基于企业设备数据链接、发展诉求、服务商能力等多个方面构建企业服务业务，从研发设计、生产制造、供应链到市场营销等全流程为企业提供服务工具、服务产品，提高园区入驻企业的数字化水平和竞争实力。企业的设备/产线数据直接上传园区平台是赋能企业能力提升的基础，是应用平台实现园区数字化转型的最大优势，也是平台进园区与普通的智慧园区的核心差异所在。可以说，企业设备/产业数据链接越多，能够享用的服务内容、服务产品越多，服务程度越深。平台能够通过深入了解企业的业务流程和痛点问题，为企业量身定制符合其实际需求的解决方案。同时，平台还能够提供灵活配置和扩展功能，使企业能够根据自身的发展需求，

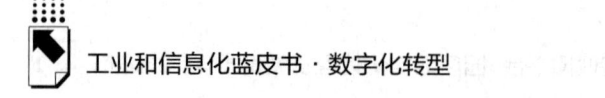

随时调整和优化服务内容。

苏州工业园区构建的平台通过整合各类资源，为企业提供共享服务、产业合作对接以及产业融资支持等一系列服务，构建一个有利于企业创新发展的良好生态圈。平台不仅涵盖了产学研合作与产业链上下游对接的传统服务，更将企业的各类高频需求纳入其中，通过资源整合，促进产业创新集群融合发展。

（三）园区监测监管

园区应用工业互联网平台系统可集成各类传感器、监控设备和系统数据，能够实时收集园区内的产业数据、安全数据、环境数据等，实现从"静态数据"向"动态感知"、从事后应急向事前预防、从单点监管向全局联防的转变，为园区管委会提供高效、科学、精准的治理方式。一方面，实现提前对各类经济产业运行、生态环境数据进行采集和分析，掌握发展趋势和运行状态。另一方面，构建统一的应急协调、指挥体系，对园区重大事件作出及时响应，为政府监测监管、应对重大突发事件提供科学有效支撑。比如，园区能够实时收集园区内的安全数据，通过对这些数据的分析处理，及时发现安全隐患，并自动触发预警机制，通知相关人员进行处理；园区还可以实时监测空气质量、噪声水平、温湿度等环境参数，并根据监测结果进行相应的调整和优化；此外，平台通过对园区内各产业的运行数据进行实时采集和分析，帮助管理者制定更加合理的产业规划和发展策略。

长沙高新区建设以工业互联网平台为基础的产业云平台，构造"两图两库一池"，运用数学统计、机器学习，为工业经济运行监测和分析提供数据及服务支持，设置"亩均效益"企业大数据应用，对企业实行正向激励和反向倒逼。目前，产业云平台已经覆盖高新区企业超1万家，通过政策推广上云理念效果显著，中小企业上云比例超过65%。

江门市精细化工产业园建设的平台集成园区监控系统，通过安装摄像头监控、GPS系统定位等方式，集成分析危险化学品、危险废物的储量以及存放位置等系统数据，及时提出有针对性的应急措施，实现化工产品全链条监管。

（四）园区产业链协同

应用园区平台推动产业链协同、产业集聚是平台进园区的最大亮点。在传统的产业园区运营模式中，同类型企业或产业链上下游企业的信息交流存在滞后和不准确的问题，产业链协同效率低。而园区平台凭借其强大的数据集成和处理能力，通过实时采集、传输和处理各环节的数据，实现信息的快速共享和准确传递。这使产业链上的各个环节能够及时了解市场需求、生产状况和资源分配情况，从而作出更加精准的决策，优化资源配置，提高生产效率。同时通过平台，企业可以共享研发资源、技术成果和市场信息，加强产学研用合作，推动产业链上的技术创新和产品升级。

以惠州仲恺高新科技产业园建设园区产业协作平台为例，其重点面向区域内2000余家电子信息产业上下游企业开展研发、供应链、生产资源和营销服务领域的协同服务需求，设置自动化订单、大数据风险预测和控制、智能化寻源以及协同溯源等环节的精细化、数字化的管理。平台上线后，园区电子企业开工效率提升了

10%，采购成本降低了6%。

嘉定区汽车产业园区中的"链主"企业通过建设行业二级节点，统一编码，实现将分散在各个企业业务系统中的数据连接起来，实时呈现汽车产品全生命周期数据，帮助产业链企业优化实现集采集销、集中仓储、集中物流等服务，提升了汽车行业供应链效率。

四 工业互联网平台+园区发展展望

（一）发展趋势

数字化转型是产业园区发展的必然趋势。在政策红利、技术创新、需求升级等一系列因素驱动下，产业园区应用工业互联网平台探索数字化转型路径的步伐加快，呈现新的发展趋势。

1. 服务内容：服务能力、服务边界持续延伸

在工业互联网平台的加持下，产业园区数字化改造升级更加深入，对园区企业、园区产业和政府等管理机构的数字化服务能力边界持续拓宽。同时，为了适应市场需求变化，平台将探索为园区提供更灵活和定制化的解决方案，帮助园区进行数字化改造，包括推动园区企业的数字化改造和园区产业链数字化提升等。这些服务能力的延伸，在提高园区客户运营效率的同时，还能增强合作黏性，提高平台竞争壁垒。

2. 服务形式：线上线下一体化服务深度融合

产业园区涉及多个主体，非标应用场景多，线下服务内容多，

这些特性使园区企业、企业员工难以精准匹配线下场景的需求，同时线下服务商为企业提供专业服务的需求较高，对线上与线下的全链条的服务能力要求也较高。因此，随着转型的逐步深入，园区服务平台的线上线下融合发展愈加重要，平台将助力园区企业、产业以更加垂直、短链化的形式辐射终端用户。一方面，快速、精准地响应园区企业的服务诉求，并不断完善终端及时配送与驻场服务等线下服务能力。另一方面，通过线下服务的打造，逐步建立起高黏性、正向反馈、自我强化的发展生态。

3. 服务载体：逐步向虚实交互的数字空间拓展

基于数字孪生技术，实现物理空间与数字空间双向同步映射、虚实交互，打造新的园区服务载体，构建形成园区人机物事深度互联、虚实融合交互的新空间。一方面，基于平台的虚拟孵化器、虚拟加速器、虚拟技术服务等，能够为企业、创业者提供技术资源、创新资源，摆脱物理空间的限制；另一方面，可以构建跨区域协作的虚拟产业环境，大大拓宽了产业数字化协作范围。

4. 服务目标：向数据驱动的精细化服务生态升级

工业互联网平台通过数据积累优势形成对园区企业、产业发展的预判，驱动园区管理效率提升，驱动园区向精细化的服务升级。除了服务内容的边界拓宽外，精准招商、精准决策、精准服务生态也持续升级。一方面，园区集合政产学研用金力量，提供全链条、全要素服务，助力园区构建服务生态；另一方面，数据助力政府管委会精准决策，助力园区效能提升，促进园区高质量发展。

（二）发展建议

产业园区数字化转型发展渗透率将会持续提升，园区工业互联网平台提质扩容需求将更加旺盛。但产业园区应用工业互联网平台开展数字化转型尚处于发展初期，服务体系尚待规范，需要政产学研用各方通力协作，在实践中不断丰富和深化应用场景，开展跨行业、跨领域解决方案的研发和推广。本文重点从以下几个方面提出对策建议。

1. 政府侧：统筹资源布局，促进平台进园区

一是加强政策支持促应用。探索从政策出台、资金补贴、技术支撑、税收优惠、试点示范等方面支持国家级、省级园区开展工业互联网平台建设。鼓励园区内企业链接生产设备、上传数据，上平台、用平台，解决平台深度服务企业的基础问题，持续拓展企业服务内容、场景。

二是开展试点示范促推广。积极开展标杆园区遴选，加快典型经验挖掘推广。对园区应用平台的做法、规律和趋势进行深入宣贯与推广，不断提升园区应用工业互联网平台的发展理念和能力。积极举办深度行等活动，在全国范围内应用推广园区模式，引导其他园区开启建设工作，营造平台发展的良好氛围。

三是出台规范标准促建设。探索开展园区工业互联网平台系列标准的研制工作。从园区功能设计、平台建设、场景应用规范、园区企业应用等方面，为园区服务企业、打造产业集群服务提供标准借鉴。继续完善园区指标体系建设工作，形成评估诊断体系，引导各园区开展企业服务的对标、诊断、优化和建设工作。

四是强化资源汇聚促生态。围绕工业互联网平台建设、平台企业服务、平台运营、园区精准治理等领域打造服务商资源池。定期对解决方案供应商进行评价，发布解决方案供应商服务象限。

2. 应用侧：塑造正确理念，引领数字化发展

一是积极开启平台建设，持续迭代优化平台。建设园区工业互联网平台，在平台顶层设计、建设方面，寻找专业机构支持，针对区域在产业发展、经济发展、园区运营中的痛点，探索应用数字化方式开展运营服务。围绕综合管理、企业培育等业务需求，按照先易后难、急用先行的原则，逐步完善优化平台。

二是强化园区数据应用，建立健全服务机制。逐步汇聚接入政务服务、企业、产业平台、感知监控、建筑信息和外部合作等多源数据，形成园区数据底座。梳理应用场景，开发数据分析模型，深度挖掘数据价值，提高管理服务效率。建立健全数据应用标准化、流程化和规范化管理机制，提高数据质量，提高数据共享交换、集成融合水平。

三是全面链接中小企业，全面开启数字化转型。鼓励园区企业，尤其是中小企业上云，鼓励设备上云，将企业上云和园区工业互联网平台应用推广工作结合起来，做到应接尽接，实现区域内企业全覆盖，为构筑产业集群打好基础。鼓励企业等应用园区平台，赋能研发、设计、生产、管理、供应链、经营、售后等多个环节，满足企业内部降本提质增效需求，推动开启数字化转型。

3. 供给侧：抢抓发展机遇，探索新场景应用

一是鼓励服务企业建生态，打造综合竞争力。积极推动服务商平台有的放矢，联合其他服务商，针对自身优势，梳理面向园

区企业、园区管理者的发展需求，建立各环节各领域技术领先、模式创新及可持续的业务模式，开发有针对性的创新服务、产品，成为有价值、有竞争力的综合性赋能平台。鼓励引入服务商、高校院所、金融机构等生态伙伴，支持生态伙伴创新平台中小企业服务模式、服务内容，鼓励提供成本低廉、应用简便、服务敏捷的线上线下模式。鼓励园区内龙头企业、链主企业开启高效精准的集群服务模式。

二是积极开展场景创新，持续满足园区各主体需求。鼓励平台服务商重点关注技术创新、模式创新，探索应用元宇宙、人工智能、区块链等新技术与园区服务场景应用深度融合。探索应用大数据、人工智能等技术方式，进行用户画像，更精准地掌握、满足用户诉求，创造独特的、个性化的用户体验。

参考文献

张朝：《工业互联网平台赋能产业园区高质量发展》，《数字经济》2022年第6期。

潘黎峰：《供应链协作视角下物流产业园区转型发展探讨——基于数字化转型能力》，《商业经济研究》2023年第19期。

《我国产业园区数字化转型发展研究》，《软件和集成电路》2022年第11期。

张峰、钟贤、谢翰忻：《智慧城市背景下低碳智慧园区建设的探索》，《广东土木与建筑》2023年第12期。

邓超、郑承兵、任芳等：《化工园区应急管理数字化转型机制研究》，《化工管理》2023年第31期。

严德华：《智慧监理数字化管理平台在大中型工程项目中的应用与创新——以上海美的全球创新园区项目为例》，《建设监理》2023年第8期。

屈贞财、李安妹、黄沃文等：《化工园区安全监管的实践与研究》，《化工管理》2023年第31期。

张素、高信波、梁立新：《浅析工业互联网标识赋能嘉定区汽车产业园区发展》，《新型工业化》2023年第5期。

B.5 工业互联网平台助力制造业数字化转型实践研究

张娟娟 吴冬寒 刘众博 姚欢 孟祥曦*

摘　要： 工业互联网平台是制造业数字化转型的重要支撑，具有广阔的应用前景和巨大的发展潜力。本文聚焦于工业互联网平台助力制造业数字化转型的实践探索，梳理并总结工业互联网平台及产业发展现状，揭示了工业互联网平台在推动制造业数字化转型中的关键作用。研究发现，工业互联网平台通过整合数据资源、优化生产流程、提升供应链协同效率等方式，有效促进了制造业高端化、智能化、绿色化发展。本文还探讨了工业互联网平台实施过程中面临的问题和挑战，并提出了相应的对策建议，以期为制造业企业利用工业互联网平台实现数字化转型提供参考借鉴。

关键词： 工业互联网平台　数字化转型　制造业

---

* 张娟娟，国家工业信息安全发展研究中心系统所测评部副主任，高级工程师，从事工业互联网、数字化转型、工业网关等相关领域研究；吴冬寒，国家工业信息安全发展研究中心系统所工程师，从事工业互联网、数字化转型、数字孪生等相关领域研究；刘众博，国家工业信息安全发展研究中心系统所工程师，从事工业互联网、数字化转型、工业网关等相关领域研究；姚欢，国家工业信息安全发展研究中心系统所工程师，从事工业互联网、数字化转型等相关领域研究；孟祥曦，博士，国家工业信息安全发展研究中心系统所高级工程师，从事工业互联网、数字化转型、工业软件等相关领域研究。

一 我国工业互联网发展现状

工业互联网作为连接工业生态、信息技术（IT）、运营技术（OT）的载体平台，是数字经济与实体经济深度融合的核心底座，同时也是推进新型工业化进程中不可或缺的关键基础设施。党中央、国务院高度重视工业互联网发展，2024年的政府工作报告指出，实施制造业数字化转型行动，加快工业互联网规模化应用。自2018年以来，工业互联网已连续7年被写入政府工作报告，充分体现了国家对推动工业互联网发展的坚定决心，这一持续性的政策导向不仅为工业互联网的未来发展提供了明确的指引，更为其长远发展注入了源源不断的强大动力，工业互联网平台作为工业互联网的核心载体和实现工具，可以充分发挥工业互联网的优势，推动工业生产的数字化、网络化和智能化，实现工业高质量发展。

（一）工业互联网相关政策与产业动态

2023年是工业和信息化部印发《工业互联网创新发展行动计划（2021—2023年）》的收官之年，实施该行动计划的三年来，我国工业互联网一体化应用成效明显。工业和信息化部已制定并推广了工程机械、电子信息等10余个重点行业与工业互联网融合应用的参考指南，累计遴选近600个工业互联网试点示范应用标杆。我国工业互联网网络、平台、安全三大体系已初具规模，新技术的融合效应正日益显现，"5G+工业互联网"的融合创新发展已经取得积极成果，人工智能技术通过MaaS（"模型即服务"）形式融入工业互联网平台，为工业互联网的智能化升级提供了有力支持，工业元宇宙技术也正助推工业互联网实现更深层次的重构与升级，帮助工业互联网平台进一步提升数字化能力、优化管理与运营效率。

《工业互联网专项工作组2023年工作计划》部署了14个任务类别的54项工作举措：在平台建设方面，要求强化平台设施建设，遴选跨行业跨领域综合型、面向重点行业和区域的特色型、面向特定技术领域的专业型工业互联网平台，加快工业设备和业务系统上云上平台，加速已有工业软件云化迁移；在工业互联网产业生态培育方面，要求完善公共服务体系，培育一批面向中小企业的轻量化、低成本解决方案，发布中小企业产品服务名录，推动中小企业利用工业互联网加快数字化转型。

2023年以来，各地积极响应，持续出台相关政策，鼓励支持当地工业互联网产业发展。

贵州省印发《推动全省工业领域数字化改造加快工业互联网创新发展导向目录（2023—2025年）（试行）》，引导企业重点围绕工业互联网应用、网络、平台、安全等体系构建，开展模式创新，加快工业领域数字化改造项目建设；黑龙江省印发《黑龙江省工业互联网新模式新业态示范应用奖励政策实施细则》，旨在加快传统制造业数字化、网络化、智能化改造，培育工业互联网应用新模式；山东省印发《山东省工业互联网赋能制造业数字化转型资金管理办法及实施细则（试行）》，明确政府资金的奖励补助方式，引导企业利用工业互联网赋能加快推动制造业数字化转型。从中不难看出，近年来的相关政策已注重工业互联网的推广应用，在奖励补助方面也注重落地实施成效。当前我国工业互联网已经进入规模化发展新阶段，工业互联网作为新型工业化的战略性基础设施和发展新质生产力的重要驱动力量，其融合应用不断走深向实，为推进新型工业化发展提供着源源不断的新动能。

（二）工业互联网平台发展现状

当前我国"综合型+特色型+专业型"的多层次工业互联网平台体系基本建成，工业互联网平台体系持续健全。截至2023年，我国跨行业、跨领域工业互联网平台（"双跨"平台）达到50家，特色专业型工业互联网平台达到295个，重点平台工业设备连接超过9500万台（套）。全国工业互联网平台综合发展指数已达300，其中"双跨"平台发展规模呈现健康有序、高质量的增长态势，各平台的平均连接工业设备数量超过200万台，各平台平均搭载的工业机理模型数量超过2.4万个。各平台承载的工业App（工业应用程序）平均数量达8000余个，App涵盖工业生产的各个环节，为企业提供了丰富的数字化转型工具和服务；各平台服务企业数量的均值超过20万家。[①] 基于工业互联网平台的区域一体化发展成效显著，京津冀、长三角、川渝等城市群加快推进工业互联网协同发展，成为周边区域工业互联网平台应用高地，川渝地区"双核联动"助推工业互联网平台发展齐头并进。在国家的引导和推动下，在各方共同努力下，我国工业互联网平台已由起步探索阶段转向规模应用阶段，平台创新发展前景广阔，并将持续赋能新质生产力，推动新型工业化加快发展，为我国高质量发展注入强

---

① 如无特别说明，本报告数据均来自工业和信息化部公布或国家工业信息安全发展研究中心统计数据。

大动能。

值得注意的是，为贯彻落实《关于加快传统制造业转型升级的指导意见》中"完善智能制造、两化融合、工业互联网等标准体系，加快推进数字化转型、智能制造等贯标，提升评估评价公共服务能力"的要求，工业互联网平台星级贯标工作也于2023年正式启动，该项工作旨在推动工业互联网平台的发展和应用，促进工业数字化转型和产业升级。在首批公布的获证名单中，有15家平台获得3星级认证，表明了此类平台在边缘管理能力、工业大数据管理能力、工业模型管理能力、工业App服务能力和业务支持能力等方面均达到了较高的水平，具备了较强的数字化转型能力、较大的竞争优势。其中不乏忽米H-IIP工业互联网平台（重庆忽米网络科技有限公司）、凯盛AGM工业互联网平台（中建材玻璃新材料研究院集团有限公司）、WeShyper工业互联网平台（河钢数字技术股份有限公司）、CISDigital工业互联网平台［中冶赛迪信息技术（重庆）有限公司］等"双跨"平台。

二　工业互联网平台助力制造业数字化转型的路径与实践

（一）政府侧：政策引导与支持，为工业互联网平台深度融合产业发展注入强大动力

工业互联网平台既是支撑制造业数字化转型的重要载体，也是产业发展的重要方向。重庆雄厚的工业基础和完备的工业体系为发

展工业互联网产业提供了丰富的应用场景，近年来，重庆积极把握新一轮科技革命与产业变革的契机，持续推动工业互联网平台企业的培育与发展，深化"重庆制造"与新一代信息技术的融合，从而加速制造业的智能化转型升级进程。

1. 政策引领，激发工业互联网发展活力

2019年重庆市印发《加快发展工业互联网平台企业赋能制造业转型升级的指导意见》，开启工业互联网平台赋能制造业数字化转型的探索，在《重庆市工业互联网创新发展行动计划（2021—2023年）》《重庆市数字经济"十四五"发展规划（2021—2025年）》中也将工业互联网平台建设作为重点工程，《成渝地区双城经济圈建设规划纲要》提出"共建全国重要的先进制造业基地"的发展目标，成渝两地丰富的制造业应用场景为工业互联网发展提供了天然土壤。随着《深入推进新时代新征程新重庆制造业高质量发展行动方案（2023—2027年）》的发布，重庆市正式提出"打造'一链一网一平台'赋能生态"，旨在推动产业组织网络化，加强各类工业互联网平台企业引育。

2. 平台引育，构建工业互联网发展格局

重庆市在工业互联网平台的引进和培育方面取得了重要突破。一方面，积极引进国内外知名的工业互联网平台企业，推动其在重庆落地生根；另一方面，加大本地工业互联网平台企业的培育力度，推动其快速成长。重庆忽米、广域铭岛和中冶赛迪3家平台成功入选国家级"双跨"平台，公鱼互联、重庆工业大数据、龙易购等平台入选国家级特色型、专业型平台；重庆的重点产业园区也吸引了全国其他"双跨"平台的落地布局。随着成渝工业互联网一体化发展示范区成功获批，两江新区等4区县联合成功入选国家新型工业化（工业互联网）产业示范基地，以中移物联网为代表的重庆本地平台也在加速崛起。

3. 产业链协同，打通数据链信息链

重庆市积极推进制造业重点企业建设并应用行业工业互联网平台，旨在对上下游核心配套企业的研发创新、生产制造、产品质量管理、物流仓储、金融服务以及人才招聘等各个环节实现统筹协同。通过引导产业链上下游企业加入平台，重庆市致力于打通企业间的数据链、信息链和要素链，有效解决产业链企业间存在的信息数据孤岛和协作效率低下等问题。

这一举措不仅提升了产业链的整体效率，还促进了企业间的合作与共赢。通过工业互联网平台，企业可以更加便捷地获取到供应链、生产、销售等各个环节的信息，从而作出更加科学、合理的决策。同时，平台还提供了丰富的数据分析工具和服务，帮助企业深入挖掘数据价值、提升企业的竞争力。

4. 聚焦特色产业，推动深度应用

重庆市聚焦全市的重点特色产业园区，紧密围绕关键产业链中的电子信息、发动机等重点行业，大力支持"链主"企业和领军企业等建设工业互联网平台。平台的建设和应用推动了这些产业的数字化转型和智能化升级。

在电子信息产业方面，工业互联网平台的应用使产品设计、生产、检验和运维等关键环节实现了全生命周期质量问题的动态识别、智能分析和科学决策。这不仅提升了产品质量和稳定性，还降低了生产成本、提高了生产效率。在发动机产业方面，工业互联网平台则实现了供应链信息的协同共享、实时跟踪和动态调度等功能，提升了供应链的透明度和响应速度。

5. 实践创新，实现全生命周期管理与供应链协同

重庆市在工业互联网平台应用方面进行了一系列创新实践。通过工业互联网平台实现产品全生命周期管理，解决了质量数据不联通、质量管控存在盲区以及质量缺陷回溯和验证困难等问题。同时，利用工业互联网平台实现供应链协同，提升了供应链的透明度和协同效率，降低了库存风险和物流成本。这些实践不仅提升了企业的运营效率和竞争力，还为整个产业链的协同发展提供了有力支持。通过工业互联网平台的应用和创新实践，重庆市正在加快形成"一张网"，推动整个产业链、供应链、价值链、科技链等产业生态的全面优化。

重庆市将深刻把握制造业数字化、网络化、智能化发展趋势，以数字化为引领深化技术改造，促进产业高端化、智能化、绿色化升级行动，推动工业经济全方位系统性、重塑性变革，为工业互联网平台深度融合产业发展贡献新模式。

（二）企业侧：借助工业互联网平台，打通全价值链的数字化系统

工业互联网平台在打通全价值链的数字化系统方面发挥着关键作用。通过整合研发、生产、销售和服务等各环节的数据资源，工业互联网平台实现了信息的实时共享和精准分析，帮助企业精准把握市场需求、优化产品设计、提升生产效率、降低运营成本。

1. 研发设计数字化，提升创新能力和效率

研发设计数字化是制造业数字化转型的关键环节。实现研发设计数字化需要关注研发知识的数字化和研发工具的数字化两个方面。首先，研发知识的数字化是指将研发过程中积累的经验、数据、技术文档等转化为数字形式，便于存储、检索、分析和共享。通过数字化手段，企业可以建立知识库，实现知识的积累和传承，避免重复劳动，提高研发效率。同时，数字化知识也更易于进行数据挖掘和分析，为企业决策提供支持，促进创新。其次，研发工具的数字化是提升研发设计效率的重要手段。对研发工具进行改造和升级，使其具备更高的自动化、智能化水平，可以帮助设计师更加精确地进行建模、仿真和分析，提高设计的精度和可靠性。同时，数字化研发工具还可以实现研发流程的自动化，减少人为干预，降低出错率。

以中国钢研科技集团为例，该集团通过数字化研发平台赋能构建开放共享的数字化研发生态圈，设计高性能服务器集群架构，满足企业在材料设计、应用研发需求与偶发大规模计算和仿真的算力需求。平台自开放运行以来，实现了在线计算任务量的大幅提升，效率达到单机计算环境的近百倍，为行业数字化技术合作提供了有力支持。

2. 生产制造数字化，打造高效智能生产线

生产制造数字化是提高制造业竞争力的关键途径。通过工业互联网平台的赋能，企业可以打造高效、灵活、智能的生产线，提高生产效率和产品质量，赢得市场竞争优势。生产制造数字化的实现需要关注生产流程的数字化和生产设备的智能化两个方面。首先，

通过对生产流程的数字化改造，可以实现生产过程的可视化、可控化和优化。企业可以实时监控生产进度、设备状态和质量数据，及时发现和解决问题，提高生产效率。其次，智能化生产设备的运用也是提升生产制造水平的重要手段。通过引入物联网、人工智能等技术，实现设备的自动化、智能化运行，降低人工干预，提高生产精度和效率。

在生产制造数字化的实践中，许多企业取得了显著成效。例如，一些企业通过引入智能制造系统，实现了生产线的柔性化生产，可以根据市场需求快速调整生产计划和产品种类，提高市场响应速度。同时，数字化技术还可以帮助企业实现生产过程的精细化管理，降低能耗和排放，提高可持续发展水平。

3. 实现数字化营销，提升用户体验和忠诚度

数字化营销是工业互联网平台在销售和服务环节的重要应用。通过平台上的网络化和信息化手段，企业可以将产品和服务推广到更广泛的市场范围，吸引更多的潜在客户。同时，通过平台上的数据分析，企业可以深入了解客户的需求和偏好，提供更加个性化的产品和服务。此外，平台还可以提供便捷的售后服务和反馈机制，提升客户满意度和忠诚度。

以领克汽车为例，该企业基于工业互联网平台设计运营指标体系、用户差异化运营体系、用户标签体系，通过搭建自动化营销系统实现差异化及自动化的用户运营。针对不同人群采取差异化的营销策略，大幅提升了整体营销效率，并节省了70%以上的营销人力成本。这一实践充分展示了工业互联网平台在数字化营销方面的巨大潜力。

三 工业互联网平台助力制造业数字化转型的问题与挑战

（一）工业互联网平台企业创新能力不强

一方面，平台企业创新投入特别是技术研发投入不足，部分平台企业可能由于资金、人才等资源的限制，尚未设置研发机构开展研发活动，无法持续投入大量资源进行技术研发和创新；另一方面，平台企业的创新生态尚未完善，缺乏足够的合作伙伴和资源支持，导致创新能力受限，同质化的产品和服务导致部分功能或技术缺乏针对性，无法满足特定行业或企业的数字化转型需求。

（二）中小企业的数字化基础薄弱

一方面，中小企业面临数据基础设施薄弱的挑战，这直接影响了其支持平台应用后续信息化升级、数据分析处理以及设备与网络连接等功能建设的能力。另一方面，企业间的标准化程度不一，导致不同工厂的设备之间，甚至同一企业内部的不同工厂之间都难以实现有效链接。这种局面造成了数据"孤岛"的现象，使数据无法顺畅流通和整合。同时，供应链之间以及供应链内部不同企业之间的沟通壁垒也阻碍了实时交互的实现，进一步增加了工业互联网平台赋能中小企业数字化转型的难度。

（三）"链主"企业带动性不强

"链主"企业在产业链中应发挥核心引领和带动作用，但当前其带动性不够，导致整个产业链的协同效应和创新能力受到限制。具体来说，上下游企业之间的协同合作没有充分发挥工业互联网平台的作用，缺乏更深层次的协同创新与攻关合作。这种"集而不群"的现象使集群仅停留在空间上的接近，而未能形成功能上的紧密联系和协同，从而直接影响了"链主"企业的带动效用，进一步制约了平台企业挖掘产业链在研发、生产和供应链协同等方面需求的能力。

（四）金融服务与工业互联网平台服务的融合度不够

工业互联网平台作为推动制造业数字化转型的重要工具，需要与金融服务进行深度融合，以提供更精准、更高效的金融服务。一方面，制造企业进行数字化转型往往需要大量的资金投入，当前的金融体系在提供专门针对数字化转型的融资产品和服务方面没有及时跟进，由于缺乏合适的融资渠道，许多企业无法获得足够的资金支持，导致数字化转型进程受阻。另一方面，数字化转型涉及众多新技术和新模式，其风险特征与传统业务有很大不同。当前的金融风险评估体系尚未针对这些新风险进行有效调整，导致金融机构在评估数字化转型项目时存在困难，进一步限制了金融支持的力度。

四 工业互联网平台助力制造业数字化转型的发展建议

（一）推动工业互联网平台企业实现持续创新和发展

建议加快培育面向重点行业和区域的特色型平台、面向特定技术领域的专业型平台，壮大"综合型、特色型、专业型"平台体系，增强平台服务供给能力。相关企业要加大对大数据、云计算、区块链、人工智能等数字技术的研发支持力度，夯实数字化转型技术基础。鼓励平台企业加大技术研发投入，加强关键核心技术攻关，推动技术更新换代。建立完善的人才培养机制，培养或引进跨领域知识和技能的复合型人才。加强产业链上下游企业之间的合作，构建开放、协同、共享的创新生态系统，促进资源共享和优势互补。促进各种数字技术在产业全链条的应用和创新，聚焦不同行业的数字化转型需求，不断提升工业互联网平台的服务水平。

（二）推动"链主"企业更好地发挥带动作用，促进上下游企业之间的协同合作

"链主"企业深化转型实践，探索全要素、全流程、全生态数字化转型，打造数字化转型标杆，带动制造业数字化、网络化、智能化水平整体提升。加速中小企业设备和业务系统向云端迁移，分行业推广一批中小企业数字化转型的典型做法。要持续推广"大型企业建平台、中小企业用平台"模式，鼓励大型企业通过场景开放、业务协同、数据共享等方式，带动产业链供应链上下游中小企业数字化转型，加速打造"链式"转型模式。推动工业互联网平台与制造企业数字化转型的深度融合，鼓励企业利用平台开展研发设计、生产制造、运营管理、运维服务等环节的数字化改造。支持平台企业为制造企业提供定制化、精准化的数字化转型解决方案，帮助企业实现业务流程的优化和重构。

（三）加强标准引领，培育工业互联网平台赋能数字化转型生态

制定和完善工业互联网平台的基础标准、技术标准、应用标准、安全标准等，确保各类标准之间的协调性和互补性。要注重与国际标准的对接，提升我国工业互联网平台标准的国际影响力。在标准制定过程中，要充分考虑产业发展需求和技术创新趋势，确保标准的前瞻性和引领性。要加强标准的宣贯和培训工作，提升企业和公众对标准的认知度和应用水平，加快推进数字化转型、工业互联网等标准贯标，提升评估评价公共服务能力。鼓励企业以工业互联网平台为媒介，与其他生态参与方开展互动，通过实现跨层次的资源共享与互补，有效提升企业的数字技术能力和数据资源管理水平，从而推动企业顺利实现数字化转型。

（四）加强金融对工业互联网平台赋能制造企业数字化转型的支撑

创新融资产品和服务。金融机构应针对数字化转型的特点和需求，设计专门的融资产品和服务，如数字化转型贷款、供应链金融等，为企业提供更加灵活的融资方案。完善风险评估体系。金融机构应加强对数字化转型风险的研究和识别，建立有针对性的风险评估模型和方法，提高风险评估的准确性和有效性。加强金融服务与工业互联网平台的融合。通过推动金融机构与工业互联网平台的合作，实现数据共享和资源整合，为制造企业提供更加便捷、高效的金融服务。

参考文献

国家工业信息安全发展研究中心：《中国工业互联网平台发展指数测度与评价》，《企业管理》2023年第11期。

黄银花、赵仕奇：《基于"工业互联网平台"区域产业协同创新研究》，《冶金经济与管理》2023年第6期。

王志强、廖家骏、黄珊等：《传统产业集群基于工业互联网平台的数字化转型路径研究》，《城市观察》2024年第1期。

俞园园：《工业互联网平台赋能制造企业数字化转型的路径研究》，《江南论坛》2024年第2期。

王柯懿、王佳音、盛坤：《工业互联网平台赋能制造业数字化转型能力评价体系研究》，《制造业自动化》2021年第12期。

邵明堃、何小龙、周勇等：《工业互联网平台服务小微企业数字化转型的价值、挑战及应对策略研究》，《科技和产业》2020年第7期。

产业篇

B.6
我国医疗器械行业数字化转型现状与发展建议

王琦 付宇涵 王庆瑜 张磊*

摘　要： 作为机械行业的一个细分领域，医疗器械行业事关国计民生。在新一轮科技革命和产业变革中，我国医疗器械行业蓬勃发展，数字化转型发展成效显著。研究发现，医疗器械行业企业数字化基础水平较高，云化管理、供应链网络化布局水平不断提升，智能化生产能力不断增强，但产业链一体化联动能力仍需

---

* 王琦，国家工业信息安全发展研究中心信息化所助理工程师，从事两化融合、数字化转型相关领域研究；付宇涵，国家工业信息安全发展研究中心信息化所产业研究部主任，高级工程师，从事两化融合、工业互联网、数字化转型等相关领域研究；王庆瑜，国家工业信息安全发展研究中心信息化所工程师，从事两化融合、数字化转型等相关领域研究；张磊，国家工业信息安全发展研究中心信息化所工程师，从事两化融合、数字化转型相关领域研究。

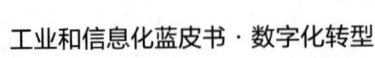

加强。聚焦行业未来发展，本文提出提升企业研发设计环节数字化水平，推动产业"链式"转型，扩大高端化、智能化产品供给三大发展建议。

关键词： 医疗器械　数字化转型　数字化　网络化　智能化

一 医疗器械行业数字化转型背景

从新一轮科技革命和产业变革角度看，全球主要经济体通过政策引领持续推动医疗器械行业数字化转型与高质量发展，对于我国医疗器械行业技术创新、产品质量与安全性提升等方面具有一定启示和借鉴意义。当前，我国制造业数字化转型需求迫切，医疗器械行业仍需筑牢数字化转型基础，加强培育企业新质生产力，构建形成产业链协同、生态体系联动的融合发展新格局。

（一）国际主要经济体的医疗器械行业强调创新、安全和质量

国际主要经济体在医疗器械领域的竞争日益激烈，美国、日本及欧盟等主要经济体都在积极采取措施，推动医疗健康领域的科技创新，强调研发和质量控制，以保持其在国际市场上的竞争力。

1. 美国：探索先进技术在医疗器械领域的应用

2021年1月，美国食品药品监督管理局发布《基于人工智能/机器学习的医疗器械软件行动计划》，旨在指导人工智能和机器学习技术在医疗器械软件中的应用，提高人工智能和机器学习技术在医疗

器械领域的透明度和可解释性，促进人工智能和机器学习技术在医疗器械领域的创新，以确保人工智能技术在医疗器械制造领域应用的安全性和有效性。2023年10月，美国FDA宣布成立行动数字健康技术咨询委员会，以探索人工智能/机器学习（AI/ML）、AR、VR、数字疗法、可穿戴设备、远程患者监测和软件等复杂技术问题，确保最先进的数字健康技术在美国得到快速开发和审查，并在医疗设备网络安全、人工智能/机器学习、先进制造等方面提供数字医疗服务。

2. 欧盟：强化医疗器械安全与可追溯相关要求

2021年5月，欧盟开始实施最新版《医疗器械法规》（以下简称"MDR"）。MDR加强医疗器械的市场准入审查和监管，确保医疗器械的质量和安全性，强化对高风险医疗器械的监管要求，同时加强对医疗器械全生命周期的监管，包括研发、生产、销售和售后阶段。同时，要求设立产品独立的医疗器械唯一标识[①]（Unique Device Identification，简称UDI），强调关注医疗器械可追溯性。

3. 日本：提升医疗器械产品安全性与可靠性

2020年11月，日本发布关于修订医疗器械的技术法规草案。该草案针对医疗器械以及体外诊断产品的制造和质量控制环节提出了更为严格的规范要求，确保这些产品的制造过程和最终产品质量能够与国际标准相吻合，以此提升整个医疗器械行业的质量控制水平。该草案的出台进一步推动医疗器械质量的提升，以期建立一个更加先进和高效的医疗器械监管体系。这一举措不仅反映了日本对于医

[①] 医疗器械唯一标识：在医疗器械产品或者包装上附载的，由数字、字母或者符号组成的代码，用于对医疗器械进行唯一性识别。

疗器械产品安全性和有效性的高度重视，同时也表明了日本致力于通过标准化和规范化手段提升医疗器械产品的整体性能和可靠性。

（二）我国医疗器械行业进入高质量发展新阶段

医疗器械作为生命健康领域的重要组成部分，关乎国民健康。近年来，我国颁布了一系列发展政策，不断推动技术创新，提升产品和服务质量，加强产业链的协同和国际化发展，推动我国医疗器械行业向世界一流水平迈进。

1. 医疗器械行业进入系统化发展阶段

2021年12月，工信部等十部门印发了《"十四五"医疗装备产业发展规划》，标志着我国医疗器械行业开启了系统化发展的新阶段。规划围绕七大重点发展领域，提出了建设产业共性技术平台、加快智能医疗装备发展、提升企业智能制造水平等重点工作内容，加速驱动医疗装备向产业价值链中高端迈进。

2. 提升高端医疗器械供给能力势在必行

2023年8月，我国审议通过《医疗装备产业高质量发展行动计划（2023—2025年）》，表明要提高医疗装备产业韧性和现代化水平。行动计划从医械装备突破等多方面作出明确指引，提出了一系列具体措施，包括加大研发投入、优化产业布局、推动产学研用深度融合、提高医疗器械安全水平、增强高端医疗器械供给能力等。

3. 前瞻部署未来健康产业发展

2024年1月，工信部等七部门印发《关于推动未来产业创新发展的实施意见》，重点部署未来健康产业发展。意见提出，把握全球科技创新和产业发展趋势，利用人工智能、先进计算等技术精准识别和培育高潜能未来产业，推动5G/6G、元宇宙、人工智能等技术赋能新型医疗服务，研发融合数字孪生脑机交互等先进技术的高端医疗装备和健康用品。

二 我国医疗器械行业数字化转型现状

基于两化融合公共服务平台（www.cspiii.com）评估数据，进一步分析我国医疗器械行业数字化转型发展现状与趋势。

（一）行业数字化基础水平较高

通过分析表征医疗器械行业企业转型基础、数据集成、业务管控相关指标发现，当前我国医疗器械行业企业数字化基础已经较为夯实。

1. 转型基础：数字化转型底层能力不断增强

医疗器械行业企业在研发设计、生产制造、经营管理、产品运维与服务保障等方面的数字化和智能化离不开各类软件的支撑。2023年，医疗器械行业企业ERP、PLM、MES等主要工业软件普及率[1]分别为81.1%、31.1%和31.8%（见图1），分别高于全国机械行业平均水平10.3%、12.3%、6.7%，软件在定义全生命周期业务数字化过程中发挥了重要作用。

工业设备联网铸造生态发展基础。随着人工智能和大数据技术

---

[1] 工业软件普及率：采用工业软件的工业企业占全部样本工业企业的比例，本文所统计的工业软件包括ERP、PLM、MES。

```
□ 医疗器械    ■ 机械
```

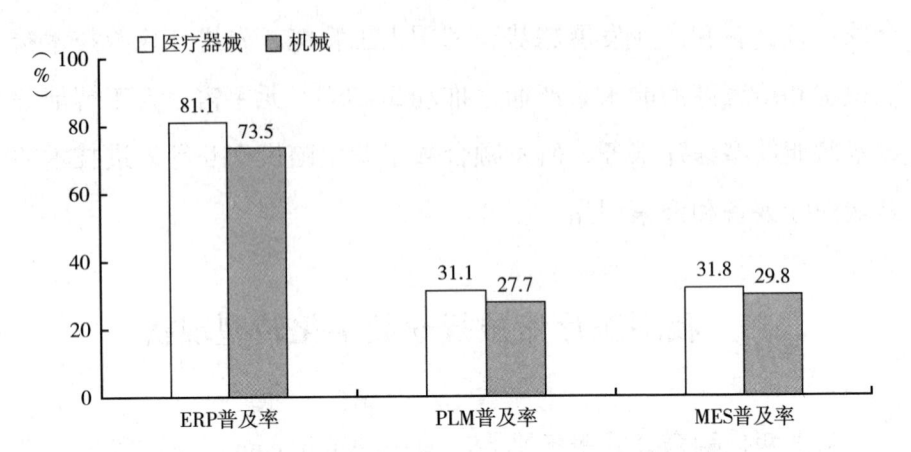

	ERP普及率	PLM普及率	MES普及率
医疗器械	81.1	31.1	31.8
机械	73.5	27.7	29.8

图1 2023年我国医疗器械行业主要工业软件普及率

资料来源：基于两化融合公共服务平台（www.cspiii.com）企业评估数据测算。

的不断发展，工业设备联网将实现更高级的智能优化和自动化控制。2023年，我国医疗器械行业生产设备数字化率①、数字化生产设备联网率②分别为56.6%和51.8%，分别高于全国机械行业平均水平11.6%、22.7%（见图2），企业生产设备数字化、网联化水平持续提升，设备终端全面连接瓶颈得到有效缓解。

2. 业务管控：关键业务环节数字化水平差异明显

关键业务环节全面数字化是企业两化融合走向高级阶段的必经之路，也是许多企业加快综合集成过程中亟须突破的瓶颈。2023

---

① 生产设备数字化率：工业企业数字化生产设备数量占样本工业企业生产设备总数量的比例均值。离散行业包括数控机床、数控加工中心、工业机器人、带数据接口的机电一体化设备等。

② 数字化生产设备联网率：已联网的数字化生产设备数量占全部数字化生产设备总数量的比例。目前所统计的已联网的数字化生产设备包括能与控制系统进行数据交换的数字化生产设备。

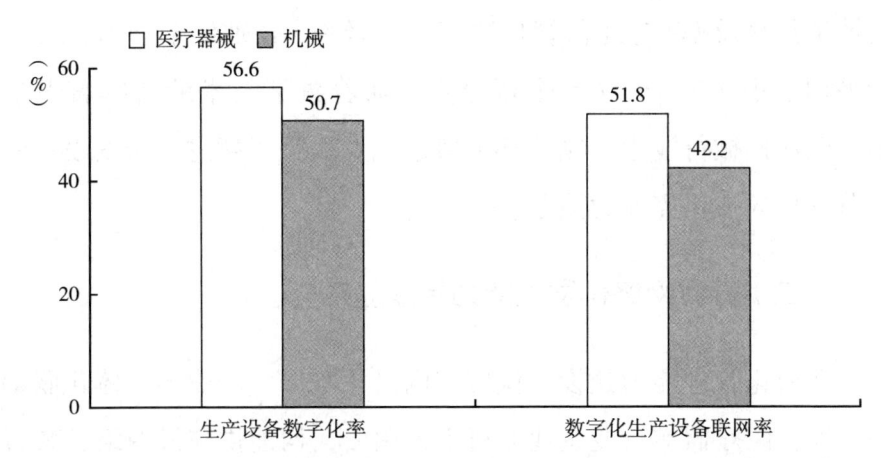

我国医疗器械行业数字化转型现状与发展建议

图2 2023年医疗器械行业生产设备数字化率与数字化生产设备联网率

医疗器械：生产设备数字化率 56.6%，数字化生产设备联网率 51.8%
机械：生产设备数字化率 50.7%，数字化生产设备联网率 42.2%

资料来源：基于两化融合公共服务平台（www.cspiii.com）企业评估数据测算。

年，医疗器械行业实现关键业务环节全面数字化的企业比例①为56.3%，略低于全国机械行业平均水平（61.0%），与全国平均水平基本持平（56.5%）。医疗器械行业企业仍需深化研发设计、生产、采购、销售、财务、人力、办公等各关键环节的数字技术应用，为开展业务数字化综合集成运作提供良好的基础条件，促进企业向两化融合更高阶段加速迈进。

进一步探究发现，医疗器械行业生产制造环节数字化水平高于机械行业整体水平。具体来看，2023年，医疗器械行业关键工序数控化率②领先全国机械行业平均水平2.4个百分点，数字化研发

---

① 关键业务环节全面数字化的企业比例：实现了数字技术与企业生产经营各个重点业务环节全面融合应用的工业企业比例。目前所统计的关键业务环节包括企业研发设计、生产、采购、销售、财务、人力、办公等环节。

② 关键工序数控化率：样本工业企业关键工序数控化率均值。其中，离散行业关键工序数控化率是指关键工序中数控系统（例如 NC、DNC、CNC、FMC 等）的覆盖率。基于两化融合公共服务平台企业评估数据测算。

设计工具普及率[①]与经营管理数字化普及率[②]分别低于全国机械行业平均水平 7.1 个、7.5 个百分点。随着数字技术的持续普及应用，医疗器械行业生产制造环节数字化发展突飞猛进，研发设计和经营管理环节仍需发力追赶。

（二）行业网络化发展能力持续提升

在云化管理能力建设、供应链网络化布局、产业链一体化联动等方面，医疗器械行业企业通过上云用云，构建供应链网络，整合产业链上下游资源，持续提升网络化发展能力。

1. 云化管理能力建设：工业云平台应用部署日益广泛

云计算、人工智能等数字技术的发展使企业上云用云意愿不断提升。2023 年，医疗器械行业工业云平台应用率[③]达到 70.3%（见图 3），远高于全国整体水平（55.0%）与机械行业平均水平（56.6%）。医疗器械企业通过使用公有云、私有云等云化资源，逐步实现基础设施上云、核心业务上云、非核心业务上云，实现信息的实时共享和流程的高效协同，缩短产品从设计到市场的周

---

① 数字化研发设计工具普及率：应用数字化研发设计工具的工业企业占全部样本工业企业比例。目前所统计的数字化研发设计工具是指辅助企业开展产品设计，实现数字化建模、仿真、验证等功能的软件工具。对于离散行业企业是指应用了二维或三维 CAD，对于流程行业是指应用了产品配方信息化建模工具。

② 经营管理数字化普及率：实现了数字技术与企业经营各个重点业务环节全面融合应用的工业企业比例。目前所统计的经营管理环节包括企业采购、销售、财务、人力、办公等关键经营环节。

③ 工业云平台应用率：应用了工业云平台的工业企业占全部样本工业企业的比例。目前所统计的工业云平台包括公有云、私有云。其中，公有云指第三方服务商为企业提供的云资源及服务，私有云指企业专有并独立使用的云资源及服务。

期，提升医疗器械行业企业从研发、生产、销售到服务全流程协同工作效率。

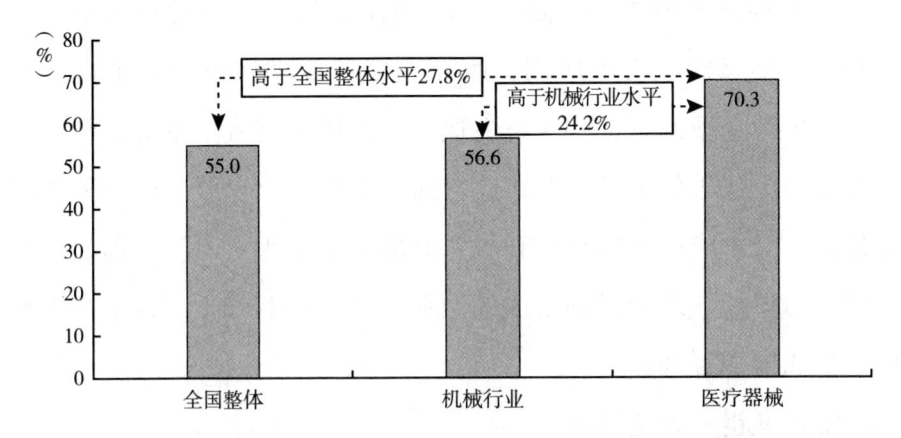

图 3　2023 年医疗器械行业企业工业云平台应用率对比

资料来源：基于两化融合公共服务平台（www.cspiii.com）企业评估数据测算。

2.供应链网络化布局：实现纵向管控集成、横向产供销集成的企业比例均超过30%

（1）纵向集成方面，企业数据集成与业务互联能力逐步增强。随着医疗器械产品智能化需求日益增多，生产管理与制造过程也越发复杂多变，企业主要通过提升生产管控能力，推动生产管控形成闭环，从而开展稳定生产、准时生产、精益生产等先进生产模式的普及应用。2023 年，医疗器械行业实现管控集成的企业比例[①]为34.4%，高于全国整体水平 25.5%。企业通过建立生产管理与生产

---

① 实现管控集成的企业比例：管控集成是指利用信息系统集成实现企业生产管理（计划层）、车间生产制造执行（执行层）、生产制造过程控制（控制层）之间的信息上传、指令下达等无缝衔接（从业务系统中自动获得数据，数据不经过人工录入）和业务集成。基于两化融合公共服务平台企业评估数据测算。

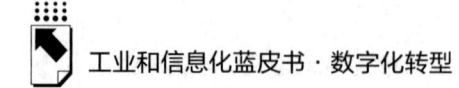

设备间的信息传输通道，得以强化对生产资源的管控与配置，从而有效提高生产资源的利用效率。

（2）横向集成方面，随着我国医保控费、取消耗材加成、集中带量采购等政策实施应用，医疗器械行业供应链迎来了巨大变革。对生产企业而言，供应链更透明、整体运营成本更低、精细化管理能力更强等要求日益凸显，打通上下游的综合服务能力要求越来越高，对供应链协同能力和服务效率要求更为突出。当前，我国医疗器械行业实现产供销集成的企业比例[①]为34.2%，高于全国整体水平2.1个百分点。

3. 产业链一体化联动

不足一成的医疗器械制造企业实现了产业链协同。医疗器械产业链构成较为复杂，涉及上游原材料和零部件制造企业，中游的医疗器械研发、制造和服务企业，以及下游的批发零售企业、医疗卫生行业主体和家庭用户等环节，因此，产业链上下游协同发展过程中存在堵点和难点。当前，医疗器械行业实现产业链协同的企业比例[②]为9.6%，略低于全国整体水平（14.8%）与机械行业平均水平（10.3%）（见图4），仍需进一步加强设计、制造、供应和服务等环节的并行组织和协同优化。

---

① 实现产供销集成的企业比例：产供销集成是指利用信息系统集成实现内部供应链的物料采购、原料和产成品库、生产制造、产品销售等环节的业务集成运作，并能够与财务管理进行无缝衔接（从业务系统中自动获得数据，数据不经过人工录入）。基于两化融合公共服务平台企业评估数据测算。

② 实现产业链协同的企业比例：利用信息系统实现企业与其产业链上下游企业间在研发、采购、生产、销售、财务等关键业务协同运作的企业占全部企业的比例。基于两化融合公共服务平台企业评估数据测算。

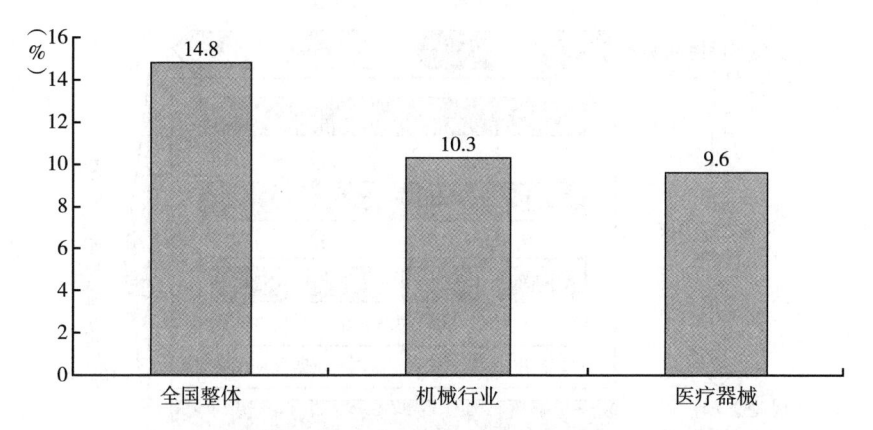

图 4　2023 年医疗器械行业实现产业链协同的企业比例

资料来源：基于两化融合公共服务平台（www.cspiii.com）企业评估数据测算。

（三）行业智能化就绪稳步推进

医疗器械行业持续深化智能制造基础条件，加快人工智能等数字技术融入生产流程，推动企业原有产品研发、生产制造、经营管理发生全面且根本性变化。

1.智能制造基础条件：具备智能制造就绪基础的企业比例超过15.3%

集成互联、数据驱动是医疗器械行业企业发展智能制造的共同选择。2023年，医疗器械行业企业智能制造就绪率[①]为15.3%（见图5），略高于全国整体水平（14.4%）与机械行业平均水平（13.6%）。综合来看，医疗器械行业企业仍需提升底层生产设备数控化水平，强化企业内部集成管理能力，全面夯实智能制造基础。

[①] 智能制造就绪率：初步具备智能制造基础条件的工业企业占全部样本工业企业的比例。基于两化融合公共服务平台企业评估数据测算。

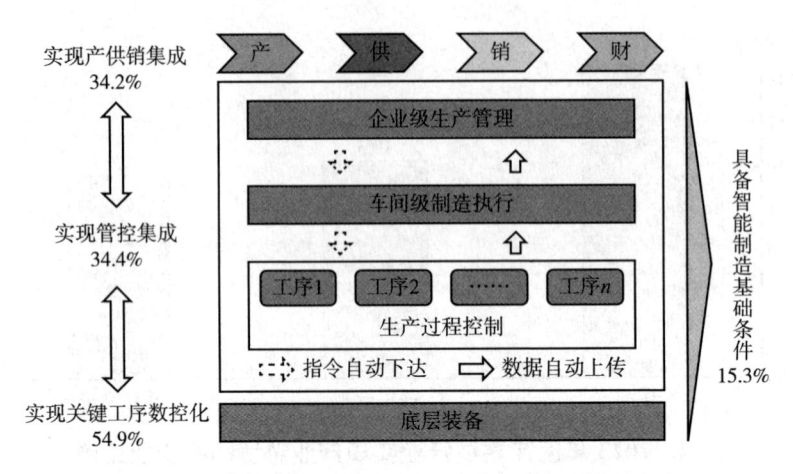

图 5　2023 年医疗器械行业企业智能制造就绪率

资料来源：基于两化融合公共服务平台（www.cspiii.com）企业评估数据测算。

2. 技术赋能智能生产：实现智能化生产的企业比例达到10.3%

人工智能技术赋能实体经济是现代产业体系发展的重要方向。2023 年，医疗器械行业企业实现智能化生产的企业比例[①]为10.3%，高于全国整体水平（7.4%）与机械行业平均水平（6.7%）。部分头部企业逐步将人工智能技术嵌入高端医疗器械生产制造中，对工艺、质量、过程等全流程生产数据进行采集、跟踪、反馈，逐步提升产品控制、成像等系统的智能化程度。

三　医疗器械行业数字化转型路径方向

在全球医疗健康领域数字化发展趋势以及国内政策的推动下，

[①] 实现智能化生产的企业比例：实现生产管理互联互通，且能应用人工智能等技术进行智能化生产的工业企业占全部样本工业企业的比例。基于两化融合公共服务平台企业评估数据测算。

我国医疗器械企业积极拥抱"数字化时代"，持续提升数字化基础、网络化集成互联、智能化制造能力。医疗器械企业仍需找准转型方向，依托数字化技术手段来实现产品的研发、生产、销售与监管全流程数字化管理。

（一）基于大数据和人工智能促进产品创新研发

大数据和人工智能技术可以帮助医疗器械企业更好地分析和理解临床需求，推动产品设计的创新，加速新产品的研发进程。具体表现在以下几个方面。

1. 数据分析有助于增强产品洞察力

基于数字化转型，医疗器械企业收集了大量的临床数据，包括患者使用设备的情况、设备性能指标以及治疗效果等。通过人工智能等技术，这些数据可以被分析和处理，以识别临床趋势和模式，帮助企业更深入地理解临床实践中的需求和挑战，从而指导产品设计的改进和创新。

2. 开展人工智能辅助设计

人工智能算法能够处理复杂的设计参数和模拟数据，帮助工程师在产品设计阶段预测和评估设备性能，缩短产品原型测试周期，减少设计迭代次数，并最终加快产品上市进程。同时，人工智能辅助设计还可以实现个性化的医疗器械设计，更好地满足不同患者群体的特定需求。

3. 机器学习有助于促进产品创新

机器学习算法可以从大量历史数据中学习，发现新的关联和规律，为企业带来创新思路。例如，通过分析患者健康数据和设备使用数据，企业可能发现新的疾病预测模型或预防策略，从而开发出全新的医疗器械产品。

4. 数字化加速研发进程

数字技术，如虚拟原型制作、增强现实（AR）和虚拟现实（VR）等，可以模拟真实世界中的产品性能和用户交互，大大降低新产品研发的风险和成本。此外，通过云计算和物联网技术，企业可以实现跨地域的协作和实时数据共享，提高研发团队的工作效率。

（二）基于智能化生产设备提高生产效率、控制质量

医疗器械企业通过自动化和智能化生产设备，实现大幅提升生产效率、降低生产成本，并更好地控制产品质量，确保产品的稳定性和可靠性。

1. 实现生产降本增效

通过智能化设备实现维护预测和故障自动调整，企业减少了因设备故障导致的时间损失，从而提高了整体的生产效率。在高精度操作的医疗器械生产中，工业机器人的使用可以降低人为错误带来的成本。此外，智能化生产系统能够优化资源使用结构、减少浪费，进一步降低生产成本。同时面对日益增长的定制化医疗器械需求，智能化技术使生产设备能够更加灵活地应对不同的产品需求，支持小批量、多样化、个性化的生产。

2. 控制产品质量

通过引入智能化生产设备，企业能够精确控制生产过程中的各项参数，确保每个环节都符合质量标准。智能化生产系统还能通过

实时监控和反馈，及时调整生产流程，防止不合格产品的产生，从而提升产品质量的一致性。

3. 提升产品稳定性和可靠性

智能化生产设备能够收集和分析大量的生产数据，这些数据可用于辅助持续改进工艺流程。同时，通过预测性维护和自动化质量控制，企业可以大大降低生产过程中出现意外的风险，确保产品的稳定性和可靠性。

4. 提高流通合规性和可追溯性

在严格的医疗器械监管环境中，通过数字化的方式管理生产记录数据和文件，企业提高了记录的准确性和可追溯性，便于监管部门和企业内部进行审计和审查。同时，数字化转型可以助力企业更好地管理供应链，确保从原材料采购到产品交付的每一个环节都可追踪、可审计，提高供应链的透明度和合规性。

（三）基于系统集成实现产品全生命周期可追溯

依托医疗器械企业内部系统集成以及产业内数字平台的应用，实现从生产、流通到使用环节数据的实时监控和分析，实现对产品全生命周期的追溯。

1. 生产环节合规监管

通过使用制造执行系统和企业资源计划等工业软件，相关监管部门可以监控生产流程、设备状态和生产数据，确保医疗器械生产过程符合法规要求。

2. 流通环节合规监管

数字化转型可以通过数字平台来跟踪医疗器械的流通路径，

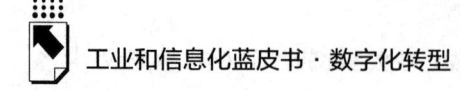

确保产品在运输和分销过程中的安全、合规，监管部门可以追踪医疗器械的使用情况，监控其性能和安全性，及时召回有问题的产品。

四　医疗器械行业数字化转型发展建议

面对国内外发展环境深刻变化，医疗器械企业需围绕研发设计环节、产业"链式"转型、智能化产品供给三方面重点发力，积极推动产业高质量发展。

（一）提升企业研发设计环节数字化水平

当前，我国医疗器械企业在研发设计数字化方面存在短板，仍需加强研发设计环节数字化工具使用。软件应用方面，围绕设备需求定义、造型方案、软硬件设计、试制、零部件模块验证等方面强化CAD、CAE等研发辅助工具的使用。依托研发设计平台，融合创新知识与要素，共享和复用设计元素、参数和模型，促进创新主体间的跨区域、跨行业互动与协同，促进企业有效获取、整合和配置内外创新资源，全面提升企业数字化研发设计能力。

（二）推动医疗器械产业"链式"转型

数据分析表明，我国医疗器械产业链供应链数据上传下达存在瓶颈。对此，应鼓励企业加强数据流通、共享和交易，提升与产业链上下游企业的协同互联水平，促进全产业链协同发展。围绕全产业链数据要素开发利用强化创新链，支持"链主"企业牵头组建产业链数据协同开发利用联合体，以数据要素赋能产业创新、产能协同、产品质量提升等。

（三）扩大高端化、智能化产品供给

下一步，仍需突破一批本土化水平较低的高端整机设备、关键技术、核心零部件和原材料，加快智能辅助诊断产品、智能辅助治疗产品、智能监护与生命支持产品等智能产品研发应用。实施"人工智能+医疗器械"行动，建设医疗人工智能数据库、人工智能医疗器械临床试验平台、人工智能医疗器械真实世界数据应用平台，提高人工智能产品可靠性，扩大智化产品供给。

五　结束语

医疗器械行业作为关乎人民健康的重要行业，在新时代背景下，正面临着加速数字化、网络化、智能化的转型需求。这种转型不仅是行业发展的必然趋势，也是响应国家关于建设健康中国战略的实际行动。下一步，医疗器械企业仍需应用数字化软硬件，提高生产线、车间、工厂的自动化、数字化水平，推进数字技术在医疗装备开发设计、生产制造、检验检测等环节的应用，全面提升医疗器械企业智能制造水平。

参考文献

《十部门关于印发〈"十四五"医疗装备产业发展规划〉的通知》，中国政府网，2021年12月21日。

《李强主持召开国务院常务会议 审议通过〈医药工业高质量发展行动计划（2023—2025年）〉〈医疗装备产业高质量发展行动计划（2023—2025年）〉和〈关于规划建设保障性住房的指导意见〉》，中国政府网，2023年8月25日。

《工业和信息化部等七部门关于推动未来产业创新发展的实施意见》，中国政府网，2024年1月18日。

《美国FDA发布AI医疗器械软件行动计划》，《中国医药报》2021年4月8日。

付宇涵、高欣东、师丽娟等：《面向2035年的"互联网+"管理体系图景探究》，《中国工程科学》2020年第4期。

林晓君：《欧盟MDR法规下医疗器械产品监管机制解读》，《中国标准化协会》，《第十七届中国标准化论坛论文集》，2020。

B.7
钢铁行业数字化转型现状与发展建议

王丹 付宇涵 马路遥 王庆瑜 王琦*

摘 要： 随着全球经济一体化和科技快速发展，钢铁行业作为国家工业体系的基石，其数字化转型已成为推动产业升级、提升竞争力的关键途径。在当前新型工业化发展的新形势新要求下，钢铁行业面临产业结构升级、绿色低碳、产业链竞争力较弱等多重压力，数字化转型已成为钢铁行业实现高质量发展的必由之路。深入分析钢铁行业数字化转型的现状、面临的挑战以及未来的发展方向，对于促进行业高质量发展具有重要意义。

关键词： 钢铁行业 新型工业化 数字化转型

---

* 王丹，国家工业信息安全发展研究中心信息化所工程师，从事两化融合、数字化转型等相关领域研究；付宇涵，国家工业信息安全发展研究中心信息化所产业研究部主任，高级工程师，从事两化融合、工业互联网、数字化转型等相关领域研究；马路遥，国家工业信息安全发展研究中心信息化所工程师，从事两化融合、区域数字化转型研究；王庆瑜，国家工业信息安全发展研究中心信息化所工程师，从事两化融合、数字化转型相关领域研究；王琦，国家工业信息安全发展研究中心信息化所助理工程师，从事两化融合、数字化转型相关领域研究。

一 钢铁行业发展概况

（一）全球钢铁行业发展态势

1. 全球钢铁行业产业集中度提高

自21世纪伊始，科技革新与经济一体化的快速发展，已经促使全球钢铁行业为了增强自身的市场竞争力，而频繁地进行合并与收购活动。钢铁企业间的竞争模式由以往的单一竞争逐步转向集团化竞争，企业间的战略联盟日益普遍。德国两大钢铁巨头——蒂森钢铁公司和克虏伯钢铁公司，成功实现了合并，共同组建了蒂森克虏伯钢铁公司。全球最大的钢铁制造商米塔尔钢铁公司收购了位居次席的阿塞洛钢铁公司，从而成立了年产能超过1亿吨的行业巨擘——阿塞洛米塔尔钢铁公司。同样在日本，新日铁公司和住友金属工业公司的合并促成了新日铁住金公司的成立，该公司的年产量达到5000万吨，约占到日本总粗钢产量的40%。全球钢铁行业的兼并重组浪潮，推动了产业集中度的持续提高，标志着钢铁行业正在迈入一个以产业组织结构调整为特征的新阶段。近年来，市场越来越向那些拥有显著优势的钢铁公司集中。

2. 经济发展重心正逐步向新兴经济体转移

过去，全球钢铁行业主要集中在发达国家和地区，这些地区在很长一段时间内几乎完全控制了全球的钢铁供应。然而近年来，随着全球经济的迅猛发展以及技术水平的提高，这一格局正在逐渐发生变化。全球市场体系的重组和人口结构的变化使世界经济活动重心已开始转移。这导致世界钢铁产业格局明显变动，钢铁业分布逐渐从西向东拓展，从发达国家向发展中国家转移。特别是我国和印度等新兴经济体在全球钢铁行业中的影响力和地位显著上升。

3. 世界钢铁贸易增长乏力

自21世纪伊始，全球钢铁贸易的发展态势与世界经济的增长和全球化进程紧密相连，呈现先升后降的明显趋势。与全球钢铁生产相似，在2007年全球金融危机爆发前，国际钢铁贸易一直保持着稳定的增长。钢铁产品贸易量从2001年的3.004亿吨增长到2020年的4.469亿吨，钢材产品贸易量实现了48.8%的增长。[①] 然而近年来，世界经济增长缓慢，尤其是美国所发起的逆全球化运动严重阻碍了全球钢铁贸易发展。

从另一个角度来看，钢铁行业本质上属于内源性产业。大量低端、低附加值的钢铁产品难以负担国际贸易中长距离运输的高昂物流和交易成本，因此，大规模进出口的产业发展模式并不适合钢铁行业。各国都在加快高附加值的钢铁产品的研制，以应对当下的世界钢铁贸易格局。

（二）我国钢铁行业发展态势

1. 产业规模大，国际市场所占份额比较大

2022年，我国粗钢产量为10.18亿吨，较1949年的15.8万吨增长了6442倍，已经占到世界总产量的54.0%。同时，我国单个

---

① 数据来源于《中国钢铁工业年鉴》。

企业规模也不断扩大，宝武和鞍钢分别成为全球第一和第三大钢铁公司，拥有超过3000万吨粗钢年产量的公司已增至6家。从进出口来看，2022年我国出口钢材6732万吨，比上年增长0.9%。我国钢材出口以板材为主，约4298万吨，占出口总量的63.8%。进口钢材1057万吨，同比下降25.9%。由于国际市场价格上涨，我国钢材进出口价格均有所增加，出口平均价格为1434美元/吨，增长17.7%，进口平均价格为1617美元/吨，增长23.2%。[①]

2. 产业结构调整取得显著成效，国际竞争力持续增强

供给侧结构性改革深入实施，"去产能"战略取得显著阶段性成果。在"十三五"规划期内，钢铁去产能提前完成1.5亿吨目标任务，清除1.4亿吨"地条钢"钢铁产品。随着钢铁行业技术和装备水平的提升、工艺流程的持续优化和产品质量的不断提升，我国钢铁行业的国内外市场竞争力不断提升。

在国内市场，国产钢材（不包括重复计算的材料）的市场份额已经超过98%，基本满足国内经济发展的需求。在国际市场，1991~2021年，我国出口的半成品和成品钢材量从438万吨增长至6621万吨，增长14.1倍；全球市场份额从2.5%提升至14.4%，增加了11.9个百分点，[②] 显示出我国钢铁产品在国际市场上的竞争力和影响力。

3. 钢铁产品质量显著提升，但资源环境载荷较大

在质量效益方面，我国钢铁产品质量显著提升，满足各用钢行业的需求。主要钢材品种，如普通碳素结构钢和优质碳素结构钢的

---

① 据中国钢铁工业协会数据统计。
② 数据来源于2022年海关总署数据统计。

质量水平显著提升。同时，高附加值、高技术含量的"双高"钢铁产品不断增多，数量不断增加，在产品数量上，我国已能冶炼1000多个钢种，轧制4万多个规格钢材。

但是，钢铁行业作为能源消耗和污染排放的大户面临着严峻的节能减排任务。2022年，钢铁行业粗钢产量为10.18亿吨，钢铁行业能源消费总量约占全国的11%，仍远高于国际平均水平。[①]

二 我国钢铁行业数字化发展现状

随着全球产业链、供应链和价值链的快速重组，钢铁行业面临着周期性调整，对钢铁行业生产、经营和发展合作带来巨大挑战。钢铁行业是国民经济的基石，不仅是现代化国家建设的关键支柱，也是推动绿色低碳发展的关键领域。在现有生产模式下，钢铁行业的生产效率和成本控制已接近极限。钢铁行业竞争环境将不可避免地发生变化，行业亟须转型升级。近年来，随着信息技术的快速发展和广泛应用，我国钢铁行业数字化发展步伐明显加快。钢铁企业纷纷加大数字化转型投入力度，利用大数据、云计算、物联网、人工智能等先进技术，推动生产流程优化、产品质量提升、能源效率提高和管理模式创新，努力实现钢铁行业的高质量发展。

（一）行业结构快速升级

观察我国钢铁行业发展轨迹可以看出，2000年之前钢铁行业

---

① 数据来源于国家统计局公布的数据。

主要经历了从小规模到大规模的扩张，重点旨在建立坚实的钢铁行业基础并满足国内钢材的自给需求。步入21世纪，随着国家经济的迅猛发展以及对制造强国战略的支持，钢铁行业迎来迅速增长阶段，行业发展速度明显加快。自2014年开始，随着国内工业化需求的增长速度放慢，过去粗放型增长方式的弊端逐渐显露出来。在这种背景下，推动供给侧结构性改革，淘汰落后的产能成为钢铁行业转型升级的关键所在。钢铁行业开始进入收敛增长阶段，并逐步从规模扩张向质量和效益提升转变。

在数字化技术的推动下，我国钢铁行业正在加速升级。一方面，大型钢铁企业积极引进智能化生产线，通过自动化、机器人等技术手段，实现生产过程的精准控制和高效运营。另一方面，钢铁企业也在加强产业链上下游的协同合作，推动产业链数字化整合，实现资源共享和优化配置。随着我国钢铁行业由快速发展转向高质量发展，产业结构调整加速、提升潜力增大，中低端产品比例逐年减少，中高端先进钢铁生产步入加速阶段。通过工业互联网和大数据等数字化技术的广泛运用，钢铁制造自动化和智能化水平得到显著提升，落后产能逐渐被淘汰，市场需求的高端产品不断推陈出新，推动着钢铁行业的高质量发展。

（二）绿色低碳稳步发展

钢铁行业一直是能源消耗的主要行业，我国的钢铁行业在制造业中的碳排放量居首位，成为实现碳减排目标的关键领域。虽然近年来通过结构调整和采用绿色能源等措施，钢铁行业在降低碳排放强度方面已经取得了进展，但是，鉴于其巨大的规模和独特的生产工艺,减少碳排放总量的任务依然艰巨。随着我国钢铁设备技术的进步,单纯依靠设备大型化来提升能效的潜力正在减少,数字化技术在提升能源效率方面的作用日益凸显。为了达成"双碳"目标,钢铁行业需要利用数字化技术来建立和完善能源管理体系。这将有助于提升能源的使用效率、减少能源消耗、优化生产流程、加强生产过程的控制,进而推动全行业的节能减排。采用数字化技术来推动钢铁企业向绿色低碳发展转型,已经成为行业内的普遍共识。

在数字化技术的推动下,我国钢铁行业近年来在环保领域取得了积极进展。企业加大了对环保的投入力度,推广使用清洁能源,优化了生产流程,并有效减少了污染排放。具体来说,首先,钢铁企业积极引入先进的环保技术和设备,致力于生产流程的绿色转型。例如,通过采用高效的烟气净化系统,显著减少了二氧化硫、氮氧化物等有害气体的排放量;同时,通过运用节能高效的炼铁和炼钢技术,有效减少了能源消耗和相关的碳排放。其次,钢铁企业着力提高资源的循环利用率和综合利用效率。通过推广废钢回收利用、工业固体废物的综合利用等技术,实现了资源的高效回收与循环使用,这不仅降低了企业的生产成本,也减轻了对环境的影响。最后,钢铁企业还加强了与产业链上下游的合作,致力于打造绿色供应链,通过全链条的绿色管理和合作,进一步推动了整个行业的可持续发展。这些措施共同促进了钢铁行业的绿色转型,为实现行业的长期绿色发展目标奠定了坚实的基础。通过推动产业链的绿色化整合,实现原材料采购、生产、销售等环节的环保协同,共同推动钢铁行业的绿色化发展。在数字化技术的推动下,钢铁行业的绿色化发展正在不断深入。未来，随着新一代数字技术的广泛应用和钢铁行业结构的进一步优化，钢铁行业将实现更高效、更清洁、更可持续的发展，为我国的生态文明建设作出重要贡献。

（三）产业链竞争优势持续提升

我国拥有世界上最全的工业分类和最完整的产业链，而钢铁行业被誉为"工业之母"，在众多产业链中扮演着关键角色，对国家经济多个领域产生了深远影响。钢铁行业的发展长期受到原材料尤其是铁矿石供应的制约。此外，国际钢铁贸易摩擦不断加剧，出口环境日益严峻，全球钢铁企业的竞争已经超越制造环节，扩展至产品设计、物流、市场营销及零售渠道等多个产业链环节。

为推动高质量发展，大型和中型钢铁企业需致力于提升产业链的竞争力并保障其安全。产业互联网的构建能够打破传统产业的信息壁垒，有助于建立新的供需协同关系，为产业链资源配置的效率提升和商业模式创新提供关键支撑。这有助于钢铁企业更科学、高效地组织生产，更精准地服务上下游，从而增强整个产业链的竞争力。

在数字化浪潮的推动下，我国钢铁行业积极拥抱变革，通过数字技术的深度融合，推动产业链竞争力的全面提升。数字化技术为钢铁行业带来了更高效的生产方式。通过引入物联网、大数据等技术，钢铁企业能够实时监控生产流程、精准掌握生产数据，从而优化生产计划和资源配置。与此同时，数字化技术也促进了钢铁行业产业链的协同创新。通过云计算、人工智能等技术手段，钢铁企业可以实现与上下游企业的无缝对接，实现资源共享、信息互通，有助于提升整个产业链的协同效率，还能够推动产业链向高端化、智能化方向发展。此外，数字化技术还为钢铁行业带来了更广阔的发展空间，在"互联网+"时代，钢铁企业可以通过电子商务平台拓展销售渠道，加强与客户的互动与沟通。钢铁企业还可以利用数字技术探索新的商业模式和服务模式，如提供定制化产品、开展智能制造等，以满足客户多样化的需求。

三 我国钢铁行业数字化发展面临的机遇与挑战

（一）钢铁行业已成为国家经济支柱产业

钢铁行业是技术和资本密集型行业，涉及较大的资源和能源消耗，对国家的经济发展和国家安全具有显著影响。当前我国的钢铁行业面临低端产能过剩严重、市场上产品同质化竞争加剧、市场需求与产品品种和质量不完全匹配等问题，同时其创新能力有待提升，还面临能源消耗量与环境污染问题突出、原料供应受限、对产业服务的重视不足等多项挑战，这些问题和挑战严重制约了钢铁行业的健康和可持续发展。

"十三五"期间，我国钢铁行业通过积极实施供给侧结构性改革，有效缓解了产能过剩的问题，促进了产业结构的优化，同时在绿色发展、智能制造和国际合作等方面也取得了显著的进步，为经济社会的稳定发展提供了坚实的支撑。展望"十四五"，我国钢铁行业仍需应对包括产能过剩、产业安全保障能力不足、绿色低碳发展水平有待提升以及产业集中度低等一系列挑战。为应对这些挑

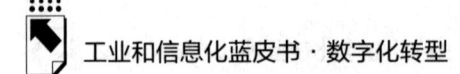

战，国家出台了一系列政策文件，钢铁行业的高质量发展需聚焦确保原材料供应的稳定性，采用尖端技术装备，打造卓越的品牌和产品，提高生产的智能化水平，增强在全球市场的竞争力，以及推动绿色低碳的可持续性发展等目标，为我国工业化和城市化打下坚实基础。

（二）我国钢铁行业的全球竞争力亟待提升

随着我国经济快速发展，钢铁行业产量也显著提升。产品质量、装备的水平、技术效率有显著提高，节能环保措施有显著的改进。但目前钢铁行业仍然存在原料供给制约、创新体系不完善和国内标准的国际影响力弱等问题。

1.原材料依赖进口

铁矿石对于我国钢铁行业具有战略意义。一方面，铁矿成本在钢材成本中占比超过30%，是价值最高的单项原料；另一方面，我国铁矿石极度依赖进口，对外依存度高达80%。尽管我国每年铁矿石消费量占全球消费总量的50%,[①] 但由于国内钢铁产业集中度低，钢企各自为政等因素，国内钢铁企业缺乏定价权。随着未来国际形势的日益复杂，铁矿石高度依赖进口和单一供应来源，势必对钢铁行业的供应链稳定性带来冲击。

2.创新体系不完善

虽然我国是全球最大的钢铁生产国，但在产品开发能力方面仍显不足，高端钢铁产品自产能力有限，且冶金设备和先进工艺技术

[①] 《中国铁矿石80%依靠进口 钢铁产业如何防止原材料"卡脖子"》，《华夏时报》2021年11月22日。

仍需依赖进口。与全球钢铁强国相比,我国在技术创新方面还有较大提升空间。钢铁强国钢材产品多以高技术含量和高附加值为主,而我国钢材产品主要集中在低端初级产品。尽管近年来我国高附加值产品的比例在逐步增加,但在国内外市场的竞争力仍较弱,市场占有率较低。

3. 国内标准的国际影响力弱

我国钢铁行业的团体标准发展较晚,目前大多数国家标准和行业标准缺乏英文版本,限制其在国际交易中的通用性。鉴于我国出口的钢材必须遵循国际标准,而钢铁行业的标准化技术委员会秘书处多位于日本、欧洲和美国等国家和地区,这为我国钢铁企业在国际市场上标准制定的参与带来了额外挑战。

(三)我国钢铁企业数字化转型发展面临的机遇挑战

1. 经济高速增长为钢铁企业朝现代化大规模化发展提供了条件

改革开放之后,我国钢铁行业迎来了迅猛发展。特别是在20世纪80年代初期,宝钢引进了日本沿海的先进一贯式生产技术,这一变化不仅代表了我国钢铁生产方式质的飞跃,也加速了企业发展的现代化和规模化进程,并对整个行业的产业布局进行优化。1993~2001年,国内钢铁企业广泛采纳国外的尖端技术和管理策略。

经济的迅猛发展,以及工业化和城市化步伐的加快,极大地提升了汽车、船舶、家电、房地产和基础设施建设等领域对钢铁的需求,从而刺激了钢铁市场的扩张。2002~2011年,我国钢铁企业步入高速成长期,产能显著增加。政府通过淘汰落后产能和促进大型钢铁企业之间的兼并重组，推动企业规模扩大。央企如宝钢进行了跨区域并购，地方国企也进行了区域内的整合，我国形成了包括河北钢铁集团在内的多个大型钢铁企业集团。近年来，在国企改革和市场需求的双重推动下，我国钢铁企业经历了新一轮的重组，宝武集团的成立标志着我国钢铁企业规模向国际巨头看齐。

2. 外部市场不稳定影响企业发展质量

2008年金融危机对我国钢铁企业造成了长期影响，政府的大规模基础设施投资使钢材需求激增，2008~2015年，全国钢铁产量从4.8亿吨增长至8亿吨。① 非法生产的"地条钢"扰乱了市场秩序，影响了企业的正常运营。

3. 钢铁生态圈建设滞后影响大企业盈利水平

我国钢铁企业至今尚未构建起低成本、高稳定性、具有全球竞争力的产业生态系统。首先，沿海地区生产布局调整还在进行，尽管有首钢京唐、鞍钢鲅鱼圈等现代化钢铁基地的投产，但多数企业的布局优化仍在持续。其次，我国尚未建立一个灵活的生产体系，长流程高炉炼钢比例过高，而电炉炼钢仅占很小的市场份额，限制了产能的灵活调节和对经济周期变化的响应。再次，与上下游企业的协同合作效果不佳，尽管宝武集团等进行了一些探索，但国内钢铁龙头企业在产业链引领作用上仍有改进空间。最后，我国钢铁企业在利用全球资源以最大化经营效益方面能力有限，海外原材料供应体系尚未稳定，且海外生产布局尚未成熟。

4. 产品结构影响大企业盈利能力

产品结构也对我国钢铁企业的盈利能力产生显著影响。尽管我

---

① 数据来源于国家统计局统计。

国钢铁产品质量和制造能力接近国际先进水平，但高精尖特色产品较少，低附加值产品较多，影响了盈利能力。国内房地产市场的发展导致建筑用钢比例过高，而产品同质化竞争激烈，许多企业产品特色不突出，容易陷入恶性竞争。此外，我国钢铁企业创新体系上存在不足，研发投入相对较少，研发成果积累不足，且在研发体制上与世界一流企业存在差距。

四　我国钢铁行业数字化转型发展建议

（一）提升服务型制造能力，满足高端制造业需求

我国钢铁大企业需要确立以客户为中心的产品和服务理念，为实现钢铁行业的转型，从传统的制造向服务提供转变，将重点放在对高端钢材需求迫切的领域，如高技术船舶、海洋工程设备、先进轨道交通、电力、航空航天和机械等，进行深入的研发和产业化。这一过程旨在推动关键钢材品种的技术进步，并增加其有效供给。在"十三五"期间的工业强基工程中，十大服务领域的80种关键基础材料中，钢铁材料占据较大比例，如双相不锈钢节能和新能源领域高强钢、新材料领域新一代功能复合化建筑用钢等。钢铁行业的进步与高端制造业的发展密切相关。

（二）强化品牌建设，完善质量分级与评价工作

钢铁大企业应建立以质量为核心的品牌体系，支持企业制定全面的品牌管理体系，覆盖研发、生产、质量管理及营销服务，以提

升品牌价值和产品内在品质；通过实施质量标杆计划，推动产品质量分级和评估体系的建立。同时，将现有的冶金产品实物质量认定等相关活动作为推动和展示质量提升的平台，公布与国际同类优质产品水平相当的产品，加强品牌培养，培育具有国际影响力的企业品牌。

（三）加大低碳化改造力度，提升产业可持续发展能力

绿色发展是我国国家发展战略的核心组成部分，符合国际发展趋势，也是生态文明建设的关键。在"十二五"期间，钢铁行业已经广泛采用了如干熄焦和干法除尘等节能减排技术。目前，面对企业能效水平参差不齐的挑战，推动那些环保技术水平较低的钢铁企业进行低碳转型是促进整个行业环保水平提升的关键。为了进一步推动环保技术的进步，鼓励钢铁企业采用更先进的清洁生产技术，例如干熄焦、煤气脱硫技术，以及烧结工序的脱硫除尘技术。这些技术的应用不仅优化了生产流程，还增强了产业间的协同效应，加强了资源的循环再利用，为钢铁行业的绿色转型和可持续发展提供了强有力的技术支撑。

（四）多措并举，提高铁矿石资源的保障能力

首先，我们必须集中力量，强化钢铁行业全链条的协同和整合。提升在国际铁矿石谈判中的议价能力和影响力对于推动钢铁行业的持续健康发展至关重要。为了实现这一目标，提高产业集中度、整合产业链、提高废钢的回收利用率，以及促进矿产采选技术的创新都是关键措施。同时，我们还应实施多元化的进口策略，借

助"一带一路"倡议，加强与铁矿石资源丰富的国家和地区的合作，确保铁矿石供应的稳定性和多元化。此外，积极实施"走出去"战略，通过在海外建立基地，进一步保障铁矿石供应的连续性和可靠性。借鉴美国、日本和韩国等国家的先进经验，鼓励钢铁企业积极开展全球跨国经营活动。通过与国际矿业公司建立合作伙伴关系，参与到海外矿产资源的勘探与开发中，构建起稳定可靠的海外资源供应链。这样的举措将有效提升海外矿产消费量在我国铁矿石消费总量中的比重，实现铁矿石供应来源的多样化，进而降低对单一市场的依赖，增强供应链的抗风险能力。

（五）健全钢铁科技创新体系，完善技术研发激励机制

我国钢铁行业的科技创新能力尚显不足，主要源于历史背景和当前的激励措施不足，后者尤为关键。自改革开放以来，钢铁行业的科技创新表现为分散、碎片化及受行政干预较多，研发方向选择往往较为主观和随机。此外，未能建立有效的科技人员激励机制，导致研发资源投入大而产出低。因此，关键在于不应简单增加投入，而应深化钢铁行业的科技创新制度改革，优化科技创新体系，确保钢铁行业的创新活动和各方面资源能够最大限度地响应市场和行业发展的需求，提高研发资源的使用效率。在未优化这些机制前，盲目增加投入可能会导致资源浪费，而不会有效提升创新能力。

（六）加快推进市场化改革，消除钢铁产能过剩发展壁垒

进一步深化市场化改革，建立市场化产能调控体系。通过继续

推进改革，最大化市场机制作用，确保市场在资源配置中的决定性作用，推动钢铁行业的自然淘汰和市场清理。特别是通过深化要素市场和财税体制改革，促使低端产能有序退出，实现行业的优化升级，并有效提升钢铁行业资源配置的整体效率，彻底解决产能过剩问题。

参考文献

李梅广、孔红杰：《钢铁行业中长期发展趋势浅析》，《冶金管理》2024年第2期。

郭丰艳、张宋一、邵俊等：《数智融合赋能钢铁工业绿色低碳发展》，《中国管理信息化》2024年第3期。

王国栋、张殿华、孙杰：《建设数据驱动的钢铁材料创新基础设施加速钢铁行业的数字化转型》，《冶金自动化》2023年第1期。

刘文仲：《中国钢铁工业互联网发展现状及思考》，《中国冶金》2022年第11期。

王玉珍、李矿、王茸花：《推进钢铁行业产业数字化转型》，《金融博览》2022年第6期。

王歆宁、张英婕：《高质量发展视角下钢铁供应链绩效评价研究》，《物流科技》2023年第24期。

史亚鹏：《传统钢铁企业数字化转型动因及微观路径探析》，《产业创新研究》2022年第20期。

黄一新：《新型工业化背景下钢铁行业数字化转型的现实要求与路径探析》，《新型工业化》2023年第3期。

蒋波：《基于工业大数据的智慧质量应用：以钢铁行业为例》，《上海质量》2023年第11期。

邱锐：《工业互联网助力传统行业数字化、智能化升级》，《高科技与产业化》2023年第10期。

李涛、郦秀萍、上官方钦等：《中国钢铁行业数字化碳管理发展探讨》，《工程科学学报》2024年第2期。

张伟：《关于钢铁行业数字化转型的战略思考》，《冶金与材料》2023年第1期。

B.8
高端装备制造业数字化转型现状与发展建议

王丹 付宇涵 王庆瑜 张磊 韩宇*

摘　要： 高端装备制造业已成为国家战略性新兴产业的重要组成部分，对于提升国家整体装备制造业水平、推动产业升级和经济发展具有重要意义。随着新一代信息技术的快速发展和应用，高端装备制造业也面临着数字化转型的迫切需求。当前，我国高端装备制造业企业的转型意识较高，在提升核心竞争力、管理模式创新方面都有较好的表现，但在关键技术攻关、智能生产效率等方面仍然面临一定挑战，需进一步加大研发投入，不断提高资源配置效率。

关键词： 高端装备制造业　数字化转型　智能制造　数据驱动

在全球化与信息化时代背景下，高端装备制造业作为国家工业实力的重要体现，正面临着前所未有的发展机遇与挑战。在经济全

---

* 王丹，国家工业信息安全发展研究中心信息化所工程师，从事两化融合、数字化转型等相关领域研究；付宇涵，国家工业信息安全发展研究中心信息化所产业研究部主任，高级工程师，从事两化融合、工业互联网、数字化转型等相关领域研究；王庆瑜，国家工业信息安全发展研究中心信息化所工程师，从事两化融合、数字化转型相关研究；张磊，国家工业信息安全发展研究中心信息化所工程师，从事两化融合、区域数字化转型研究；韩宇，国家工业信息安全发展研究中心信息化所助理工程师，从事两化融合、数字化转型相关领域研究。

球化和科技迅猛发展的当下，高端装备制造业的数字化转型不再是选择题，而是必答题。数字技术的融合应用，不仅为高端装备制造业带来了效率的提升和成本的降低，更引发了产业模式和企业形态的深刻变革。然而，转型之路并非坦途，我国高端装备制造业在这一进程中既展现出巨大的潜力和活力，也面临不少挑战和短板。本文将从高端装备制造业的数字化转型现状出发，剖析存在的主要问题，并有针对性地提出解决对策，以期为行业内企业的转型升级提供参考和指导，助力我国高端装备制造业在全球竞争中赢得先机，实现由大到强的历史性跨越。

一　高端装备制造业发展概况

（一）全球高端装备制造业发展态势

1. 全球高端装备制造业积极布局国际市场

全球高端装备制造业的发展布局涵盖多个关键领域，受多种因素影响。高端装备制造业技术门槛较高，因此易于形成产业集群，具有显著的带动能力，这使其成为各国争相角逐的关键领域。

在全球化和科技迅猛发展的大背景下，一些发达国家如美国和德国正在通过推动发展高端装备制造业的策略来寻求新的增长点和竞争优势。美国的先进制造伙伴计划，以及德国的工业4.0战略，都是积极布局高端装备制造业的策略，目的是在全球市场中占据有利位置，并增强其国际竞争力。英国在其《英国工业2050战略》中强调了强化航空航天领域，旨在保持其在全球的领先地位。法国通过《新工业法国计划》的实施，确立了在高速列车、卫星技术和电子飞机等高端装备制造领域的先锋地位。日本则通过《制造业白皮书》聚焦于机器人产业的发展，以增强其制造业的核心竞争力。韩国在其《制造业创新3.0》计划中，特别强调了航空航天产业作为国家支持的重点领域，以推动本国制造业的创新和升级。

我国主要通过大进大出和技术获取的贸易方式嵌入战略性新兴产业全球价值链，最终品生产制造能力强于发达国家，中间品生产制造能力优于印度、越南等发展中国家，目前处于战略性新兴产业全球创新链和产业链的"环流中枢"。党的二十大以来，我国也积极推进由"中国制造"向"中国智造"转变，推出了一系列产业政策，助力高端装备制造业的全球布局（见表1）。

表1 我国近期高端装备制造业政策

发布部门	政策名称
工信部、教育部、公安部等部门	《"机器人+"应用行动实施方案》
工信部办公厅、国务院国资委办公厅	《两部门关于印发2022年度重点产品、工艺"一条龙"应用示范方向和推进机构名单的通知》
工信部办公厅	《关于公布2022年工业软件优秀产品名单的通知》
工信部办公厅	《关于公布2022年工业互联网APP优秀解决方案名单的通知》
工信部办公厅	《关于开展第五批专精特新"小巨人"企业培育和第二批专精特新"小巨人"企业复核工作的通知》
工信部、国家发改委、教育部、财政部、国家市场监督管理总局、中国工程院、国家国防科技工业局	《智能检测装备产业发展行动计划(2023—2025年)》

续表

发布部门	政策名称
工信部办公厅	《关于公布2022年工业互联网试点示范项目名单的通知》
工信部办公厅	《关于公布2022年度绿色制造名单的通知》
工信部	《对地静止轨道卫星动中通地球站管理办法》
工信部办公厅	《关于组织推荐第五批工业产品绿色设计示范企业的通知》
工信部、国家发改委、生态环境部	《关于推动铸造和锻压行业高质量发展的指导意见》
工信部、国家发改委、科技部	《京津冀产业协同发展实施方案》
工信部办公厅	《关于组织申报2023年跨行业跨领域工业互联网平台的通知》
国家发改委、教育部、工信部、财政部、人社部、自然资源部、中国人民银行、国务院国资委	《职业教育产教融合赋能提升行动实施方案（2023—2025年）》
国家发改委、工信部、财政部、中国人民银行	《关于做好2023年降成本重点工作的通知》

2. 全球高端装备细分行业竞争优势分布各具特色

（1）智能制造装备产业

智能制造正成为全球制造业的新风向。为了在全球制造业中占据有利位置并把握制造业发展的新机遇，主要发达国家都在积极推动智能制造技术的发展，并制订相应的战略规划。美国通过实施税收减免等激励措施来降低制造业成本，这不仅成功吸引了跨国企业的回归，也促进了全球制造业资本向美国流入，进一步巩固了美国制造业的全球领先地位。德国、英国等其他欧洲发达国家也不甘落后，纷纷推出了各自的激励政策来推动本国制造业的智能化升级。

随着这些措施的实施，发达国家与我国在制造业综合成本方面的差距正在逐步缩小。这一变化不仅对我国在高端装备领域的未来发展构成了挑战，同时也对我国已具有竞争优势的产品在国际市场上的地位造成了压力。智能制造的兴起，已经成为推动高端装备制造业发展的关键力量。据前瞻产业研究院的预测，智能制造行业在未来几年预计将以超过10%的年均增长率持续扩张，到2022年，全球智能制造行业的价值有望达到1.5万亿美元，这一趋势凸显了智能制造在推动制造业转型和经济增长中的重要作用。

（2）航空装备产业

近年来，我国航空装备产业迎来了高速发展期，成为国家重点支持的战略性新兴产业。长期以来，全球主流航空干线客机市场均由波音和空客这两大航空巨头所主导，而支线客机市场则由巴航和庞巴迪牢牢占据。尽管国产客机在我国航空飞机市场的占比尚不足1%，但在持续不懈的努力和积极的研发推动下，我国航空装备制造业已迈入快速发展轨道。其中，C919大型客机项目的成功，以其较高的本土化率，不仅标志着我国航空工业的明显进步，也展现了我国在全球航空市场的竞争实力。

（3）卫星及其应用产业

卫星导航产业，作为一项与通信和互联网技术相互补充与整合的尖端行业，正在全球范围内迅速发展。目前，全球卫星定位领域由四大核心系统主导，这包括美国的GPS、俄罗斯的GLONASS、欧盟的伽利略系统以及我国的北斗系统。我国的北斗系统是继美国GPS之后的第二个向全球提供全面运行服务的卫星导航网络，它的服务范围覆盖了50多个国家，惠及30多亿人口。北斗系统的发展达到一个新的里程碑,在 2020 年 6 月 23 日,随着北斗三号系统的最后一颗全球网络卫星的发射,该系统的全球星座部署宣告完成,这标志着北斗系统正式具备全球定位服务的能力。根据中国卫星导航系统管理办公室的规划,预计到 2035 年,我国将完成下一代北斗系统的开发和网络部署,这将进一步促进国家综合时空体系的建设,并为全球用户提供更高质量的服务,从而提高北斗系统在全球导航产业中的影响力。从更广阔的空间应用产业角度来看,我国在空间技术领域取得了显著进展,包括在空间实验室、货运和载人航天飞船以及运载火箭等技术上的连续突破。目前,我国已经掌握了建造空间站所需的关键技术,并正在积极推进相关项目,以进一步巩固在国际空间探索领域的地位。

(4) 轨道交通装备产业

在轨道交通领域,生产、销售集中化程度更高,从生产来看,全球轨道交通装备几乎被巨头企业垄断。近年来,中国中车、加拿大庞巴迪、法国阿尔斯通一直是销售收入排名前三的企业,3 家公司占全球销售额的 70% 以上,包括西门子在内的 5 家企业合计市场占有率为 87%,行业垄断程度可见一斑。在消费方面,分区域来看,我国、美国、俄罗斯是全球排名前三的消费市场,合计占全球消费市场的比重达到 32%,中东、亚洲、南非等地区是全球轨道交通消费增长最快的地区,消费规模增速高于全球 3.3 个百分点。全球轨道交通市场规模稳定上升。①

3. 全球价值链分工聚变重构制造环节核心竞争力

随着技术经济模式的转变,制造业的演进和全球价值链的分工

---

① 数据来源于国研网数据统计。

正在经历显著的变革。信息技术与制造业的紧密结合孕育了高端装备制造业等新兴产业，这些产业正在重新定义制造业的产品、生产流程、设备、运营模式和产业形态。它们不仅对全球价值链中制造业环节的创新角色、增值能力和所需要素进行了重塑，而且还提升了制造业在全球价值链中的重要性和影响力。

（1）高端装备制造业的创新作用日益突出

数字技术与制造业的紧密结合使全流程数字化制造技术不断进步，推动了研发、设计与制造的深度融合，实现了从传统的线性创新模式向并行创新模式的转变，将制造过程本身纳入创新的关键部分。特别是，数字制造技术的发展强化了制造业在全球价值链中的创新角色。

（2）高端装备制造业的价值创造能力大幅提升

信息技术与制造业的深度融合孕育了众多创新的制造技术，为制造环节带来了更深层次的价值和更广泛的应用范围。这促使劳动生产率和产品附加值的显著提高，使高端装备制造业的价值创造能力得到前所未有的增强。

（3）高端装备制造业重塑发达国家的制造竞争优势

传统的制造环节往往依赖大量劳动力，而低劳动力成本是发展中国家在制造业中的主要竞争优势。智能制造技术的广泛应用使智能设备开始替代低技能劳动力，减少了对低成本劳动力的依赖，这可能会削弱发展中国家在国际分工中的竞争力。与此同时，发达国家可以利用智能制造技术弥补劳动力增长缓慢的不足，通过先进的人工智能技术提高研发效率，专注于更具创造性和创新性的工作。在此背景下，发达国家不仅在产品创新和品牌建设方面保持领先地位，还能够利用高效的生产环节直接挑战发展中国家的现有优势，这可能会对发展中国家的产业升级路径构成挑战。

（二）我国高端装备制造业发展态势

1. 我国高端装备制造业供求方面表现出较好态势

从供给方面来看，各个领域的高端装备制造业在生产方面都有一系列积极的变化；而需求方面，各细分领域呈现不同的特点，一些领域如高端机器人市场，具有强劲的增长潜力，而其他领域则受到一些波动因素的影响。

智能制造方面，根据 MIR DATABANK 的数据，我国工业机器人销量在 2022 年突破 28 万台，同比增长 10%，表现出较好的市场态势。供给方面，2023 年工业机器人产量企稳回升，1~5月我国工业机器人累计产量 18.2 万台，同比增长 5.2%。从全年来看，我国将加快推动稳经济一揽子政策和接续政策持续显效，工业企业复工复产节奏加快，在制造业转型升级、机器换人加快进度的大背景下，工业机器人产量有望止跌回升。需求方面，协作机器人在汽车零部件、医疗、半导体等工业市场广泛应用，本土化率提升，且越来越多的企业将市场延伸至海外，潜力巨大，重负载机型市场表现分化，大六轴机器人在汽车、电池等领域的应用增多，而小六轴机器人需求逐渐减弱，特别是受电子行业疲软和大宗商品涨价出口受限影响。

我国铁路运输已经进入快速化、重载化的时代，轨道交通的供求方面总体平稳，供给方面，疫情后轨道交通装备实现恢复性增长，部分地区出口订单增长，加之货运需求韧性较强，铁路机车产量增速进一步提高，根据国家铁路局《2022年铁道统计公报》，2022年铁路机车产量为1463辆，增速由上年同期的同比增长8.8%转为同比增长34.8%；需求方面，2023年上半年，受外需疲软拖累，我国铁路机车累计产量为194辆，同比减少1.5%。

航空航天设备行业持续取得明显突破，航天发射次数居全球第二；我国民用航空工业保持发展趋势，订单数量回升，特别是国产民机新增订单较上年有明显增长，2021年末，国产民机整机储备订单1688架，同比增加90架；无人机方面，虽然新增订单数量下降，但依然保持较高的储备订单；转包生产方面，民用航空产品转包生产交付金额下降，而新增订单也有所减少；同时，根据国家统计局数据及交通运输部发布的《2022年民航行业发展统计公报》，2022年末，我国民用飞机在册数量为7351架，同比小幅增长，近年来，民用飞机在册数量增速有所放缓，主要是客运飞机增速下滑所致。货运飞机增速相对较高。

2. 我国高端装备制造业进出口规模下降趋势初显

从进口方面来看，受铁路客运量下滑等因素影响，2022年我国的轨道交通装备主要产品进口规模出现了下降趋势，铁道车辆、轨道装置和信号设备的累计进口金额降至5.4亿美元，同比减少了7.8%。同时，2022年航空航天装备的进口额也有所回落，航空器、航天器及其零件的进口金额为109.53亿美元，同比下降15.9%，然而，自2023年以来，随着民航运输量的恢复，航空器、航天器及零部件的进口增速快速回升。在前五个月内，航空器、航天器及零部件的进口累计达到60.78亿美元，同比增长78.7%，相当于2019年同期的63.6%。同时，航空航天技术产品的进口额为

116.72亿美元，同比增长42.7%；① 工业机器人进口方面，由于多重因素的影响，2022年进口金额也出现了下降，这一下降主要是由进口数量的减少所致，进口价格指数保持上升趋势，2023年以来，随着我国经济的好转，多功能工业机器人的进口金额开始回升。

从出口方面来看，轨道交通装备行业受到对欧美市场出口下滑的影响，出口金额同比明显下降，全年铁道车辆、轨道装置和信号设备的出口总额累计达到184.3亿美元，同比下降了29.3%。而在航空航天装备产品出口方面，出口额则持续回升，此外，工业机器人出口金额同比增长19.3%。

出口市场方面，我国的铁路装备产品出口市场已覆盖了六大洲，主要出口市场包括欧盟、美国和东盟。然而，对欧盟和美国的出口金额明显下滑，分别同比下降了38.6%和54.6%。相反，对共建"一带一路"国家的轨道交通装备出口增长较快，对俄罗斯、印度尼西亚和泰国的出口增速均超过100%。我国因轨道交通装备施工成本优势和地缘政治关系优势，有望受益于共建"一带一路"国家基础设施建设需求的强劲复苏趋势。

3. 我国高端装备制造业的市场分布呈现区域特征

我国高端装备制造业发展取得了显著成就，从区域发展特征来看，我国已初步形成以环渤海、珠三角、长三角地区为核心，以湖北、湖南、江西等中部产业区为支撑，重庆、四川等西部地区快速发展的产业空间格局，其中，环渤海、珠三角、长

---

① 数据来源于华经产业研究院公开数据。

三角地区以及中部湖北、湖南、江西已呈现明显的产业集聚特征（见表2）。

表2 我国高端装备制造业区域分布

地区	重点地区	重点产业
长三角地区	浙江（杭州、舟山、温州、绍兴）、江苏（南通、常州、无锡）等	航空航天装备、智能制造装备、船舶和海洋工程装备、轨道交通装备等
珠三角地区	广东（广州、深圳、珠海）等	船舶与海洋工程装备、航空装备、智能制造装备等
环渤海地区	北京、天津、河北（唐山、保定）、辽宁（沈阳、大连）、山东（青岛）等	航空装备、智能制造装备、轨道交通装备等
沿江发展轴	湖南（长沙、珠江）、江西（南昌）、湖北（襄樊、武汉）、四川（成都）、重庆等	航空装备、智能制造装备、轨道交通装备、船舶和海洋工程装备等
东北地区	黑龙江（哈尔滨、齐齐哈尔）、吉林（长春、四平）、辽宁（沈阳、大连）等	航空装备、智能制造装备、轨道交通装备等
中西部地区	陕西（西安）、山西（太原）、甘肃（兰州、天水）、河南（郑州、洛阳、焦作）等	航空装备、智能制造装备、轨道交通装备等

在高端装备制造领域，我国航空装备行业50多年的发展历程主要依托大型国有企业，这些企业分布在全国各地，特别是在那些工业基础较为雄厚的地区。具体而言，北京地区不仅拥有北部研发基地，还有南部高端制造集聚区以及位于顺义的航空航天产业园，形成了一个坚实的航空装备产业基地。而天津则在A320总装项目的带动下，逐渐发展成为一个航空装备制造和相关配套产业的集聚

区。广东的珠海近年来也崭露头角，逐渐呈现成为新兴航天装备制造地区的趋势。此外，我国船舶与海洋工程装备制造业主要集中在珠三角、长三角以及环渤海地区，这一产业主要依托中国船舶工业集团和中国船舶重工集团等大型企业，这些企业分布在北京、上海、南通、青岛等地。在这些地区，船舶制造业主要聚集在东部港口城市，如天津、上海、大连等地。而关于轨道交通装备制造企业，它们主要分布在长春、常州、株洲、南京、青岛、大连、唐山等地，中车集团旗下的企业则构建了高速动车组、地铁轻轨车辆等产业链。此外，智能装备制造企业则主要集中在东北和长三角地区，数控机床企业分布广泛，而工业机器人的生产则主要聚集在上海、无锡、杭州、南京等地。最后，卫星装备制造领域主要依靠国家航天院所，如空间技术研究院和运载火箭技术研究院，实现卫星的研制、发射和运营。与此同时，导航芯片及应用装备相关企业则分布在北京、上海、四川、陕西、江苏、广东等地。这些地区的密切合作构成了我国高端装备制造业的坚实基础。

二　我国高端装备制造业数字化发展现状

（一）高端装备制造业企业数字化转型意愿稳步提高

制造业在我国经济发展中扮演着核心角色，是推动经济增长的关键力量。特别是高端装备制造业，它位于整个制造业价值链的顶端，其发展水平直接关系到国家制造业的整体竞争力和国家的综合实力。为了推动制造业的升级和经济结构的优化，近年来国家出台了一系列规划、行动计划和具体政策，旨在加快制造强国的建设步伐。

在政策的大力支持下，智能制造和工业互联网等数字技术的应用已成为推动高端装备制造业转型升级的重要方向，众多企业开始着手进行数字化转型。尽管我国高端装备制造业在数字化转型方面起步较晚，且不同企业的数字化水平存在较大差异，但整体转型进程正在加速。特别是对于那些数字化转型程度较高的企业，它们能够依靠已有的数字化基础，更快速地适应市场变化，并持续扩大其在数字化领域的领先优势。然而，对于转型程度较低的企业，由于缺乏前瞻性的战略规划、薄弱的技术基础、不合理的组织架构以及人才短缺等问题，它们的数字化转型往往还停留在较为初级的阶段，无法充分释放数字化的潜力和价值。根据《中华人民共和国国民经济和社会发展第十四个五年规划和2035年远景目标纲要》的建议，国家计划在高端装备制造等关键领域和环节实施一批关键科技项目，加速关键零部件的本土化进程，以壮大高新技术产业，培养一批在行业内领先的国家级战略性新兴产业集群。这一系列行动体现了国家对制造业特别是高端装备制造业重要性的认识，以及对推动该领域数字化转型的坚定决心。

（二）高端装备制造业企业服务化延伸水平持续提升

随着数字经济的蓬勃发展，高端装备制造业的市场需求也在经历变化。根据国家工业信息安全发展研究中心的统计数据，到2023年底，全国已有33.1%的企业开展了服务型制造，而进行个性化定制的企业占比达到12.6%。企业推动数字化转型的主要动力是适应客户需求的变化。高端装备制造业的客户需求已经从传统的单一化、同质化需求转变为更加复杂、灵活的定制化和个性化需求。同时，市场对于产能扩张的直接需求正在减少，而对于节能减排和系统升级这类更为隐蔽和系统化的需求在不断增长。目前，传统的高端装备制造业已经难以满足市场的新需求，许多企业因此面临客户流失和市场份额缩减的双重挑战。为了保持现有客户基础并吸引新客户，高端装备制造业迫切需要通过数字化转型来适应这些变化，以实现行业的稳定增长和长期发展。因此，面对日益增长的个性化市场需求，高端装备制造业的数字化转型已经成为发展的必然趋势。

（三）高端装备制造业企业不断提升核心竞争力

相较于发达国家，我国高端装备制造业仍面临一些挑战，包括创新能力有待加强和资源效率不高等。此外，随着竞争力较强的大型国有企业进军高端装备制造业，市场竞争加剧，产品价格面临下行压力，企业利润空间遭到挤压，进一步加剧了行业内部的竞争压力，增加了企业市场份额流失的风险。同时，经济环境和外部条件的变动也导致用户需求的变化，其中，对产能扩张的直接需求减少，而对节能减排和系统升级的间接需求则在增加。为了应对这些挑战，我国高端装备制造企业正在寻求通过自主创新和提高资源利用效率来构建新的竞争优势。数字化转型是关键的一步，通过自动化机械替代人工，减少劳动力需求，降低人工成本，实现成本节约和效率提升。同时，利用大数据和信息化技术可以及时捕捉市场信息、优化资源配置、提高资源利用效率。此外，数字化管理的实施有助于优化生产流程、加快生产节奏、缩短生产周期，进一步提高效率和降低成本。数字化技术的运用还能促进新要素的集聚和整合，推动科技进步和自主创新，开发具有高技术含量和高附加值的产品，增强高端装备制造业的整体竞争力。高端装备制造业通过数字化转型来降低成本、提高效率、增强竞争力，同时，借助持续的自主创新，提升技术实力，增强综合竞争力，从而在市场中获得更有利的竞争地位，吸引更多客户，实现可持续发展。

（四）高端装备制造业企业内部管理模式不断创新

企业通过实施数字化管理，不仅加快了信息化建设的步伐，还推动了组织架构的革新和管理体系的优化，使企业内部管理更加系统化。数字化技术的融入，使企业能够采用更高效的组织架构和系统，以较低的成本实现管理效率、创新能力与协同工作效率的提升。因此，在任何行业中，优化企业内部管理方式都是确保企业稳健发展的关键，这要求企业改革传统的管理模式，提升管理质量。特别是在高端装备制造业，企业更加注重采用数字化管理手段，来提升管理层次，并依托大数据平台，利用数据传输和分析等工具，对控制技术和管理流程进行优化。数字化转型为高端装备制造业带来了建设数字化内控管理平台的机会，这不仅能满足主要业务的管理需求，还能实现财务与业务管理的一体化，完成从人工控制到自动化控制的转变，从而提升管理效能。这包括确保资金管理的稳健、风险控制的有效性、会计核算的精确性以及财务服务的高质量和高效率。

三 我国高端装备制造业数字化发展面临的机遇与挑战

（一）高端装备制造业以技术密集型的特性位于价值链高端

高端装备制造业是以高新技术为引领，处于价值链高端和产业链核心环节，决定着整个产业链综合竞争力的战略性新兴产业，是现代产业体系的重要支柱，也是推动工业转型升级的引擎。根据《国务院关于加快培育和发展战略性新兴产业的决定》所明确的重点领域和方向，目前高端装备制造业的重点方向主要包括航空装备、卫星及应用、轨道交通装备、海洋工程装备和智能制造装备。

高端装备制造企业具有技术高端、位于价值链高端和产业链核心的特点。我国的高端装备制造业来源于两种形式，一方面是传统装备制造业的转型升级。另一方面，在新信息技术时代，智能制造领域催生一些战略性新兴产业。因此，高端装备制造企业，既包括传统制造业的高端部分，也包括战略性新兴产业的高端部分。这些具有技术高端、位于价值链高端和产业链核心等特点的企业是推动装备制造业升级的关键动力，也成为战略性新兴产业发展的重要支撑。

高端装备制造企业的核心竞争力在于技术创新、制度创新和管理创新的综合价值创造活动。高端装备制造产品属于技术密集型和复杂系统产品，具有复杂的属性和构成特征。企业的核心竞争力是指在国际和国内动态环境下，企业利用内在的知识技能和资源，在持续不断的创新中形成独特的核心能力，这些核心能力在复杂系统产品的生产中发挥关键作用，为企业提供了持续的竞争优势。通过提高外部环境适应性，实现顾客价值与企业价值的统一，以及企业自身的不断优化和提升，高端装备制造企业的核心竞争力得以实现。高端装备制造企业的核心竞争力基于产业链中的核心技术，旨在实现顾客价值的增值，以向产业价值链的高端攀升为导向，并通过创新商业模式和组织管理模式来实现。这种核心竞争力的形成涉及技术创新、制度创新和管理创新的综合价值创造活动。高端装备制造企业的核心竞争力具有一般企业核心竞争力的共性，同时也具有自身的特点，体现为对上下游企业产品的辐射和生产整合的能力。

（二）高端装备制造业面临全球产业格局调整的挑战

当今世界正处于百年未有之大变局，新一轮科技革命和产业变革蓬勃兴起，战略性新兴产业领域的全球竞争日益激烈。世界各国普遍采取更加保守的贸易政策和更加激进的国内产业政策，新冠疫情和俄乌冲突等突发事件进一步加剧了各国对产业链供应链安全的担忧，全球价值链回缩预期增强。"十四五"时期，我国发展仍然处于重要战略机遇期。面对经济复苏下诸多不稳定性、不确定性因素，我国高端装备制造业面临全球产业格局调整挑战。

从国内角度来看，当前，我国正处于工业化进程中，制造业是国民经济的重要支柱和基础。优化升级制造业是加快从制造大国转向制造强国，促进国民经济保持中高速增长、向中高端水平迈进的关键环节。高端装备制造业的长产业链具有强大的带动示范效应，包括广泛的门类、完备的配套体系，涉及设计、制造、检测、控制等多领域，涵盖钢铁、铝材、橡胶、塑料等多个行业，以及铸造、焊接、电镀、喷涂等多项技术。这种多领域的涵盖和协同创新，使高端装备制造业成为一个创新活跃的产业，将有助于带动相关行业和领域的技术突破和产品创新。

从国际视角分析，高端装备制造业拥有高出口价值、强制造能力、大规模、高附加值以及满足全球市场需求的特质。建设制造强国的目标，实质上是迈向产品高技术含量、高品质和高附加值的发展路径。高端装备制造业的发展是一个系统性的、协同创新的过程，高端装备制造业将有力地推动相关行业和领域实现技术突破和产品创新。

因此，高端装备制造业既是国际竞争力的象征，也是国内产业体系的支柱，是我国制造业的心脏。在全球化时代，理解和发展这一关键领域对我国的经济发展和国际地位至关重要。高端装备制造业的繁荣将继续为我国的工业升级和经济增长提供动力。

（三）高端装备制造业呈现蓬勃向上的趋势特征

高端装备制造业是我国高度重视的战略性新兴产业之一。《"十四五"国家规划战略研究》指出，战略性新兴产业代表着新一轮科技革命和产业变革的方向，是培育发展新动能、获取未来竞争新优势的关键领域。2023年，随着经济持续复苏，并受到政策和需求的双重推动，高端装备制造业呈现蓬勃发展的趋势。

高技术制造业和装备制造业在经济中的引领作用不断显著，2022年数据显示，装备制造业增加值同比增长5.6%，高技术制造业增加值同比增长7.4%，分别超过规模以上工业增加值增速2.0个、3.8个百分点。这反映了高端装备制造对国家工业经济的关键推动作用。高端装备制造业为国内外市场提供了高质量的产品。[①]

同时，我国政府也持续出台鼓励高技术制造业和高端装备制造的政策，为高端装备制造业的创新和增长提供了坚实的政策支持。例如，工信部、国家发改委等部门相继发布了《促进制造业有序转移的指导意见》《环保装备制造业高质量发展行动计划（2022—2025年）》《工业和信息化部关于大众消费领域北斗推广应用的若干意见》等文件，从提高装备自主研制能力、放开市场限制、推动产业集群和融合发展、鼓励民营企业加大先进制造业投资力度等多个方面支持和促进高端装备制造业的发展。

在我国经济持续发展和城市化进程中，国内市场需求的不断扩大也刺激了高端装备制造业的增长。2023年，国产大飞机的订单和产能预计将继续增长。随着铁路运输需求的提升，铁路固定资产投资将回暖，从而拉动轨道交通装备市场的增长。卫星发射和组网进程的加速将活跃商业航天市场，对卫星及应用行业的通信和导航需求将形成强力支撑。工业机器人领域将加速本土化进程，新能源汽车行业对工业机器人的需求仍将持续增长，同时3C电子等行业的需求也将逐步回暖。这些因素将共同推动高端装备制造业呈现蓬勃发展的趋势。

---

① 付宇涵：《我国制造业两化融合发展路径》，《企业管理》2020年第9期。

四 我国高端装备制造业数字化转型发展建议

（一）重点聚焦关键问题，加大研发投入力度

我国的高端装备制造业在某些关键领域，如芯片、发动机、关键材料、数控机床和工业软件等方面，仍面临一些挑战。在全球化贸易中，如果遭遇进出口限制，这些领域的技术短板可能成为国家产业发展的关键瓶颈。为了解决这一问题，除了需要政府在政策层面的顶层设计外，更需要大型企业，尤其是中央企业承担起主体责任。中央企业在推动技术创新和产业发展方面起着领导作用，需要通过增强自主创新能力和技术实力，完善考核与评价体系，以激励更多的创新活动。同时，民营企业也应积极参与技术研发，通过协同合作，形成具有强大技术创新能力的产业联盟，共同推动产业技术进步和升级。

（二）推动高水平对外开放，推进关键技术攻关应用

推动高水平对外开放是构建新发展格局的必然选择，高端装备制造业作为打造国际竞争力的核心产业，要摆脱完全开放的发展思路，坚持在参与市场竞争中，平衡核心技术可控和全球价值链嵌入性的问题，用一种新的非对称战略思维来引领内生式的创新能力。

在企业层面，扩大高水平对外开放和推进关键技术攻关是关键的，因为这些举措有助于提升企业的创新能力和技术水平。一是企业要与国内外优秀研究机构建立合作关系，高质量的协作研发可以

帮助企业获取前沿技术和研究成果，加速新技术的研发和应用。二是提高研发成果共享率，促进技术跨越，我国企业应鼓励与合作伙伴之间的研发成果共享，充分利用内外部资源，促进技术的跨越和创新。三是通过国际合作加速技术标准的制定，企业可以积极参与国际标准的制定，确保自身的技术符合国际标准，这有助于提高产品的国际竞争力，还有助于在全球市场上获得更多机会。因此，我国高端装备制造企业需要积极参与扩大高水平对外开放和推进关键技术攻关，以提升自身的创新能力和技术水平。

（三）加快数字化转型，提升智能制造生产效率

在新一轮科技革命和产业变革的背景下，数字化转型是企业高质量发展的重要引擎，是构筑国际竞争新优势的有效路径，是构建创新驱动发展格局的有力抓手，因而高端装备制造业数字化转型变得至关重要。高端装备制造业的大企业已采取了一系列关键措施推动数字化转型，还应在以下三个方面加强。一是积极引入智能制造系统，包括自动化设备、机器人和物联网技术，以实现生产流程的优化和智能化。这意味着生产线的自动化程度得到显著提高，机器人和物联网技术的运用使生产更加精密，同时也大幅降低了人为错误的风险、提高了产品质量。高端装备制造业正在逐步迈向工厂数字化，实现了生产线的自动监控、智能调整和远程操作，从而使生产更加高效。二是制定数字化转型战略，提高数据分析能力，数字化转型离不开数据要素，这包括数据采集、分析和利用，通过全面而系统的数据分析，企业可以更深入地了解生产过程，不仅可以迅速发现问题，还能够根据数据指导生产决策。这使高端装备制造企

业更加透明、灵活,能够更快地应对市场需求的变化,优化生产管理流程。三是推广自动化生产线,降低生产成本,企业积极考虑加大力度投资自动化设备和系统,以替代重复性劳动,从而有效降低人工成本、缩短生产周期。数字化转型是高端装备制造大企业提升竞争力的必经之路。

（四）强化融合科技创新,推动工业互联网发展

在新一轮科技革命和产业变革交织的大背景下,促进科技创新与制造业协同发展,以科技支撑制造业迈向中高端,已成为重塑区域核心竞争力的关键变量。首先,高端装备制造企业应当积极整合科技创新领域的成果,建立起跨学科、跨领域的创新合作体系,致力于创造一个开放、协同的创新生态系统,使不同技术和领域之间的融合更为顺畅。其次,企业应积极推动云计算、大数据和物联网技术在生产和运营中的应用,大数据分析可以揭示生产中的潜在问题,物联网技术将设备和系统连接起来,实现实时监控和智能化控制,从而为数据分析和决策提供支持。最后,龙头企业可以积极建设工业互联网平台,促进高端装备制造的互联互通,使不同环节之间的合作更加紧密,使生产过程能高效协同。

（五）加强人员管理,提升资源配置效率

高端装备制造业作为一种知识密集型行业,对高技术人才的需求巨大,建立和有效管理高水平的员工队伍对企业的长期发展至关重要。首先,企业必须在内部加强管理,建立明确的管理体系和流程,包括员工培训、引入现代管理工具和方法,以实现对生产流

程、供应链、质量控制等环节的高效管理。其次，企业应定期评估资源配置情况，以优化业务结构，包括人力、财力、技术等。通过对资源利用情况的深入分析，企业可以识别潜在的浪费和低效领域，从而进行资源配置的优化。再次，企业还需要审视自身的业务结构，以确保与市场需求和战略方向保持一致。最后，企业需要建立灵活的组织结构，以适应不断变化的市场需求。这包括创建跨学科团队，鼓励不同部门之间的合作，以推动创新和问题解决；还应倡导开放的企业文化，以鼓励员工分享创意和建议，从而激发员工的潜力和创造力。加强人员管理和优化资源配置是高端装备制造业提升竞争力的关键一环。通过高效的内部管理、资源配置的优化和员工的培养，企业能够更好地适应市场变化、提高生产效率、确保产品质量，同时吸引和留住高水平的人才，从而为可持续的长期发展打下坚实的基础。

（六）贯彻绿色低碳理念，打造可持续型企业

绿色是工业高质量发展的底色，推动绿色发展是提升我国制造业竞争力的必然途径。近年来，为引导工业绿色发展，我国不断完善相关配套政策，助推工业企业绿色转型驶入快车道，绿色产品供给能力大幅提升。2023年3月，工信部发布《关于公布2022年度绿色制造名单的通知》，公布2022年度绿色制造名单，包括绿色工厂874家、绿色设计产品643个、绿色工业园区47家、绿色供应链管理企业112家。贯彻绿色低碳理念，是打造可持续型企业的基础步骤，也是适应未来绿色制造发展趋势的核心举措。首先，高端装备制造业企业可以充分利用新技术成果，积极参与清洁能源产

业，如水电、核电、风电、太阳能和储能等领域，这有助于降低企业的碳足迹，推动产业向更加环保和低碳的方向迈进。其次，企业可以进一步规范绿色制造的管理体系、统计体系和考核体系，确保符合绿色低碳的要求，兴建绿色工厂，进行绿色工厂改造，以降低环境影响。最后，企业还应加强打造绿色供应链的意识，督促运输商减少运输排放，并监督供应商的环保实践。建立可持续的供应链可以帮助企业降低成本、减少风险，同时满足企业可持续发展的底层需求。

参考文献

付宇涵、董豪、马冬妍：《工业互联网：融合发展突破口》，《企业管理》2019年第12期。

王喜文：《5G+工业互联网 助力企业数字化转型》，《企业管理》2020年第6期。

杨红、李依梦、陈银忠等：《高端装备制造企业数字化转型驱动路径研究》，《科研管理》2024年第1期。

唐孝文、孙悦、唐晓彬：《中国高端装备制造业技术创新能力评价研究》，《科研管理》2021年第9期。

刘九如：《装备制造业数字化转型的方向与路径》，《中国信息化》2023年第10期。

王斐、丛培虎：《"5G+工业互联网"时代的高端装备智能制造对策》，《智慧中国》2023年第9期。

王金、陈楠希、周华等：《数字经济冲击下高端装备制造业数字化转型研究》，《西南金融》2023年第7期。

张强、赵爽耀、蔡正阳：《高端装备智能制造价值链的生产自组织与协同管理：设计制造一体化协同研发实践》，《管理世界》2023年第3期。

邱金元、刘堃：《论"5G+工业互联网"时代的高端装备智能制造对策》，《中国信息化》2022年第11期。

许帆婷：《以智能制造推动装备行业迈向中高端——2021石油石化装备产业科技大会综述》，《中国石化》2021年第6期。

王丹、王庆瑜、付宇涵：《新形势下中国两化融合发展的新方向》，《互联网天地》2021年第8期。

张玺、宋洁、侍乐媛等：《新一代信息技术环境下的高端装备数字化制造协同》，《管理世界》2023年第1期。

B.9 煤化工行业数字化发展研究

陆江楠　左　越　张龠婷　杨若阳*

摘　要： 我国能源总体状况是富煤、缺油、少气,即石油、天然气资源短缺,煤炭资源相对丰富。发展现代煤化工行业,是保障国家油气供应安全和推动能源结构调整的迫切需要和现实选择。煤化工行业覆盖面广,产业链复杂庞大。煤化工企业为提升核心竞争力、降低成本、增强盈利能力并维持高价值,需构建数字化供应链,为内外部利益相关者提供优质服务,从而增强产业链协同能力,提高供应链效率,推动行业健康发展。

关键词： 煤化工　数字化发展　工业互联网

全球能源结构的转型是煤化工行业数字化发展的重要推动力。随着化石能源的日益减少和环境保护意识的日益增强,能源结构转

---

* 陆江楠,国家工业信息安全发展研究中心信息化所助理工程师,从事两化融合、数字化转型、数字经济、智能制造相关领域研究;左越,国家工业信息安全发展研究中心信息化所工程师,从事两化融合、数字化转型、工业互联网、产业互联网、数字经济相关领域研究;张龠婷,国家工业信息安全发展研究中心信息化所助理工程师,从事两化融合、数字化转型、智慧应急相关领域研究;杨若阳,国家工业信息安全发展研究中心信息化所工程师,从事两化融合、数字化转型、数字经济、智慧城市相关领域研究。

型成为各国共同关注的焦点。煤化工行业作为能源转型的重要行业，通过数字化手段，可以提高煤炭的转化效率和利用率，减少环境污染，更好地适应全球能源转型的趋势。近年来，大数据、云计算、人工智能等新一代信息技术的快速发展，为煤化工行业的数字化、智能化提供了强大的技术支持。通过应用这些先进技术，煤化工企业可以实现生产过程的自动化、智能化和精细化管理，提高生产效率，降低生产成本。

此外，市场竞争的加剧也促使煤化工行业加快数字化发展的步伐。在全球化的大背景下，煤化工企业面临着来自国内外市场的激烈竞争。通过数字化手段，企业可以更好地了解市场需求，优化资源配置，提高产品质量和服务水平，从而增强市场竞争力。在此背景下，煤化工企业需要积极拥抱数字化、智能化技术，加快转型升级步伐，以适应新的市场环境和发展需求。

一　行业概况

（一）主要分类

煤化工按不同的工艺路线可以分为煤焦化（热解）、煤气化和煤液化；按不同的产品路线可以分为煤制油、煤制烯烃、煤制醇醚、煤经焦炭制电石、煤制合成氨等。目前，在业内引起关注的煤化工主要是指煤制油、煤制烯烃和煤制醇醚类的新型现代煤化工，像煤焦化、氯碱和合成氨制尿素等都属于传统煤化工。由此可以看出，煤化工产品主要包括焦炭、电石、煤制化肥等传统煤化工产品，以及煤制甲醇、煤制二甲醚、煤制烯烃、煤制油等现代煤化工产品。

（二）产业链（环节）

按照产业发展成熟度和发展历程，煤化工可分为传统煤化工和新型煤化工两大类。

传统煤化工主要包括煤焦化（煤热解生产焦炭、煤焦油、焦煤煤气和其他化工产品）、煤经焦炭制电石和煤气化制合成氨及甲醇三大过程，主要产出品有焦炭、煤焦油和焦炉煤气。传统煤化工的主要产成品有焦炭、合成氨和甲醇，我国产量都位居世界第一，产能严重过剩，且传统煤化工具有高能耗、高污染、资源利用率低、产品附加值低的特点。所以我国仍将严格控制传统煤化工的发展，淘汰落后产能，调整产业结构。传统的煤化产品应用主要着眼于焦炭和合成氨的生产，未来传统煤化产品和技术改造潜力主要来自煤焦油和焦炉煤气的深加工与综合利用，例如，煤焦油加氢制轻油，焦炉煤气制 LNG 等。

新型煤化工以生产可替代石油化工的原料和洁净能源为主，是以先进的煤气化和液化技术为主的能源化工产业体系，主要包括煤基合成气甲烷化、煤气化生产甲醇进而生产化工产品（乙烯、丙烯、乙二醇等）和油品（甲醇汽油、柴油、石脑油等）、直接液化生产油品以及 IGCC（整体煤气化联合循环）发电等。新型煤化工与传统煤化工产业相比，装置规模大、技术含量高、产品附加值高、产品市场缺口大，可以补充石油化工产品的不足，是我国优化能源结构、保障能源安全的重要途径。

（三）发展历程

1. 第一阶段（18世纪至20世纪40年代）

煤化工发展开始于18世纪后半叶，19世纪形成了完整的煤化工体系。进入20世纪，许多以农林产品为原料的有机化学品多改为以煤为原料生产，煤化工产业开始崛起。1927年，德国在莱纳建立了世界上第一个煤直接液化厂，这期间，以石油为基础原料的化工产业尚未建立，煤化工在国民经济中占有重要的地位。

2. 第二阶段（20世纪50~90年代）

第二次世界大战后，石油化工发展迅速，很多化学品的生产又从以煤为原料转移到以石油、天然气为原料，煤化工在化学工业中的地位开始走下坡路。石油化工以其原料路线简洁、成熟和能量利用效率高等特点，逐渐在世界化学工业中占主导地位，而同期煤炭在世界能源构成中的比重由65%~70%降至25%~27%。目前，全世界大部分的合成氨、甲醇都是以天然气为原料，除我国、美国、南非等少数煤资源大国外，世界上很少有大型煤化工装置运行。

3. 第三阶段（20世纪90年代至21世纪）

20世纪70年代末的石油危机使德国、美国等发达国家重新开始重视煤化工技术的研发，在煤气化、煤液化等方面开发了一系列战略性储备技术。进入21世纪，油价不断攀升，石油原料紧缺和成本居高不下使化学工业对煤化工有了新的认识和期待，煤化工进入新一轮的发展时期。发达国家加快了大型煤化工技术的开发和工业化推广的进程，各国积极开发大型煤气化、煤制烯烃、合成油等石油替代技术。按目前已探明的石油储量和开采速度计算，全球石油的平稳供应只能维持40年，天然气为60多年。可以说，世界石油能源安全体系非常脆弱。煤炭是世界上储量最大的矿物能源，可供人类开采多年，所以发展煤化工有着重要的技术储备意义。

二 煤化工行业发展现状

（一）发展现状

我国煤化工行业最早萌芽于20世纪40年代。新中国成立后，我国相继成立了太原、兰州、吉林三大煤化工基地。到了六七十年代，各地建成一批以煤为原料的中小型氮肥厂，我国以化肥工业为主的煤化工行业初步形成。70年代以后，石油化工的兴起导致煤化工一度遇冷。进入21世纪后，伴随着国际原油价格的不断高涨和我国原油对外依存度的提高，煤化工行业重新受到重视，特别是煤基能源化工产业。目前，我国正积极从传统煤化工向新型煤化工转型。新型煤化工包括以煤制甲烷气、煤制二甲醚、煤制乙二醇、煤制烯烃和煤制油五类新型煤化工项目为代表的可替代石油化工的原料或替代化石能源的新洁净能源。

近年来，随着国民经济的持续增长和能源结构的调整，我国的原煤产能也在不断扩大。国家统计局数据显示，2018~2022年，我国原煤产量呈逐年上升的态势，2020年，全国原煤产量达到38.44亿吨，同比增长2.62%；2021年我国原煤产量为40.71亿吨，同比增长5.91%；2022年我国原煤产量达到44.96亿吨，同比增长10.44%；截至2023年8月，我国原煤产量为30.51亿吨。

我国是煤炭大国。在煤化工行业中，甲醇作为一种重要的化学产品，在煤化工行业中具有重要的地位。我国的煤制甲醇产能占甲醇总产量的70%~80%，可以说是我国甲醇生产最重要的一环。近年来，我国的甲醇总产能在逐年增长，且仍有较大的发展空间。甲醇作为煤化工产业链中的重要一环，其下游产品的开发和应用也越来越受到关注。目前，我国甲醇的下游消费结构比较单一，主要应用于甲醛、醋酸等传统化工领域。随着技术的不断进步和消费结构的升级，甲醇在高端化学品和新材料等领域的应用也在逐步拓展。

（二）重点省份煤化工行业发展重点

作为我国主要的煤化工大省，新疆、内蒙古、宁夏、山西、山东等地相继在"十三五"规划纲要中明确了未来煤化工行业的发展方向或出台了相关指导性文件。未来一段时间，传统煤化工行业优化升级，进军高端的、规模化的、竞争力更强的现代煤化工将成为各煤化工大省发力的方向。

（三）煤化工行业数字化转型面临的痛点

1. 对数字化转型、智能制造的认识和理解尚不深刻

绝大部分煤化工企业对数字化转型的理解局限在企业内某一矿山或生产的某一环节的智能化，而非企业生产管理全过程的数字化，没有深刻理解数字化转型"转什么"的内涵。

数字化转型缺乏整体转型框架指引，《关于加快煤矿智能化发展的指导意见》和《煤矿智能化建设指南（2021年版）》提供了转型的指导思想和基本方向，但缺少具体的转型路径和转型维度。

《智能化示范煤矿验收管理办法（试行）》为数字化转型硬件基础提供了评价标准，但对煤炭企业智能化水平的综合评价不足。煤化工行业的数字化转型缺少对"怎么转"的具体指导方针。

2. 底层技术支撑不到位，产业链各环节水平参差不齐

煤化工行业的数字化转型需要物联网、5G、大数据等众多信息技术和智能制造业的支持，需要煤机装备产业链的智能延伸。传统煤机装备制造商在信息科技方面存在短板，限制了煤化工行业的数字化转型进程。

3. 数字化转型人才储备匮乏，人才分布不均

目前我国煤化工企业的数字化人才队伍远不能满足转型需求。我国煤炭产区集中在西北晋陕蒙地区，而数字化人才分布总体呈东强西弱、向东南聚集的格局，西北地区数字化人才储备不足。西北晋陕蒙地区是煤化工行业数字化转型落地实施的重点地区，其数字化人才匮乏，与行业发展不匹配，掣肘了我国煤化工行业数字化转型的步伐。

4. 缺乏综合实力强劲的 ICT 供应商，转型解决方案供给不足

支撑煤化工行业数字化转型的 ICT 供应商包括传统供应商和跨界供应商。煤化工行业传统的 ICT 供应商存在明显短板，其数字技术的创新与研发水平落后于跨界 ICT 供应商。然而，跨界 ICT 供应商很难把握煤化工行业数字化转型的需求痛点。二者均不能提供煤化工行业数字化转型的整体解决方案。煤化工行业数字化转型的技术融合和数据协同存在瓶颈，容易造成单项指标优秀而综合性能低下的困境。

5. 多个信息系统集成能力弱，存在信息孤岛问题

煤化工企业中存在上百个针对生产、安全、管理、决策等方面的子系统。这些子系统大多为了满足单一功能而独立存在，没有形成统一平台和串联模式。煤化工行业数字化转型最直接的痛点和难点问题不是某一功能场景的系统实现，而是系统的整合集成和统一协调管理。

（四）煤化工行业发展前景

未来一段时期，我国煤化工行业发展机遇和挑战并存。

1. 主要机遇

（1）国家对煤化工行业给予政策支持和资金扶持

2021年11月设立2000亿元支持煤炭清洁高效利用专项再贷款；2021年12月中央经济工作会议提出新增可再生能源和原料用能不纳入能源消费总量控制；2022年1月《关于加快推进新型煤化工产业发展的指导意见》等政策文件发布，都表明国家对煤化工行业的重视和支持，为煤化工行业的发展提供了有利的政策环境和资金支持。

（2）国内外对煤化工产品的需求持续增长

受国内外经济复苏、能源需求增加、石油价格上涨等因素的影响，煤化工产品作为替代能源和原料的优势日益凸显，市场需求持续增长。特别是在新冠疫情的影响下，煤制油、煤制天然气等产品作为国家战略储备的重要组成部分，受到了高度重视。同时，煤制烯烃、煤制乙二醇等产品作为化工原料，也在塑料、纺织、医药等领域有着广泛的应用，市场潜力巨大。

（3）煤化工技术不断创新和突破

近年来，我国在煤化工技术方面取得了显著进展和创新，提高了煤化工产品的质量和生产效率，降低了煤化工过程的成本，减少了煤化工过程的污染，实现了煤化工行业的转型升级。特别是在碳捕集、利用与封存和碳中和等技术方面，我国已经走在了世界前列，为实现碳达峰碳中和目标提供了有力的技术支撑。

2. 主要挑战

（1）煤化工行业面临着严格的能源消费总量控制和碳排放限制

根据《关于印发"十四五"时期能源发展规划纲要的通知》，到2025年，我国能源消费总量控制在50亿吨标准煤以内，单位国内生产总值能耗下降13.5%，单位国内生产总值二氧化碳排放下降18%。

（2）煤化工行业面临着激烈的市场竞争和较大的替代压力

受国际油价波动、可再生能源发展、新型能源材料创新等因素的影响，煤化工产品在价格、性能、环保等方面与其他能源和原料之间的竞争日趋激烈。煤化工过程中会产生大量的废水、废气、废渣等污染物，会对环境造成一定的影响，煤化工行业面临着一定的舆论压力。

三 "5G+工业互联网"打造智慧煤化企业

5G开启了万物互联的数字化新时代，工业互联网是5G主要的应用场景，"5G+工业互联网"将是产业融合的重要方向，可进一步促进各生产要素间的高效协同，助力企业实现数字化转型升级。

（一）5G成为新一代信息技术与煤化工产业深度融合、推动产业发展的新引擎

5G具有高速率、低时延、大连接的技术特性，是实现人机物互联的网络基础设施。随着新一轮科技革命和产业变革的加速演进，5G能够更好地满足工业互联网传输海量数据、快速精准控制的高要求，与工业互联网相互促进、相伴而生。5G与边缘计算、人工智能、大数据、物联网等新技术、新应用、新业态融合运用于煤化工行业，整合产业链资源，打造全面感知、实时互联、智能预测、协同控制的"5G+智慧煤化工业"，将进一步拓展煤化工行业信息化的内涵和外延。

（二）5G提升行业信息化、数字化、智能化水平，实现技术创新

"万物互联"的物联网时代真正来临，通过5G、物联网、大数据等技术手段，可建设全域覆盖、高可靠性、高安全性、万兆骨干传输的"一张网"，实现数据共享、互联互通，为各类应用系统提供安全、稳定、可靠的工作环境，满足各种智能化设备数据传输的需求。可搭建数据载体一片云、信息传输一张网、分析展示一套图的综合管控平台，实现对设备运行情况进行实时跟踪、分析、评估，预防设备故障，保障安全生产。通过该平台可实现地面生产、井下生产，经营管理的少人化、无人化，实现防盗、防火、防爆、

防污染、防人体侵害的远程控制。通过提高用户体验速率、峰值速率、时延等级，增加连接数量，助力设备物联化、控制系统智能化、业务系统网络化、销售采购电商化、大数据可视化在煤化工企业得到充分体现，将信息技术创新融入煤化工企业生产经营的全流程。

（三）5G实现生产经营管理精细化，打造智慧煤化工企业

信息化建设水平可以衡量企业管理工作现代化程度，合理运用信息化手段可以促进企业现代化管理。借助"5G+工业互联网"，搭建BI经营决策大数据分析系统、生产管理决策分析系统等，沉淀数据资产，实现人、财、物、产、供、销、安全、生产质量、环保等关键生产要素的自动化报表分析，能源消耗、安全、环保等生产经营数据的自动化采集与上传，生产经营数据的自动化下达与执行，生产过程的无人化、智能化。实时管理追踪打造信息化、自动化、数字化、大数据分析和人工智能集成的智慧化工厂、智能化管理驾驶舱，提升企业生产经营管理的精细化水平，高效精准配置资源，减员增效，降低成本，打造智慧煤化工企业。

（四）"5G+工业互联网"助力打造煤化工企业安全生产管理新模式

利用5G、物联网、空间定位、移动通信、云计算、大数据等技术，提供具有定位、感知、预警和音视频通信功能的一体化智能穿戴产品，以及基于公有云或私有云的全IP架构的"云+端"综合管理平台，解决安全生产现场作业过程中的问题，实现"感知、

分析、服务、指挥、监管的"五位一体"，应用于日常作业、远程巡检、远程协助、应急救援等多样化场景，打造"互联网+"时代的智慧化管理、精细化管理、过程结果并重的煤化工企业安全生产管理新模式。

四 行业典型案例

（一）宁夏宝丰能源集团有限公司

宁夏宝丰能源集团有限公司坐落于中国能源金三角——国家级宁东能源化工基地核心区，是一家集"煤、焦、气、甲醇、烯烃、聚乙醇、聚丙烯、精细化工、新能源"于一体的大型能源公司，也是巴鲁夫的战略性合作客户之一。巴鲁夫的BTL磁致伸缩位移传感器助力宝丰能源成功实现煤焦化液压系统"无人值守"，这是巴鲁夫位移传感器首次应用于煤化工行业，具有里程碑式的意义。

焦炉车辆诸如装煤车、推焦机、拦焦机上有大量的液压油缸，巴鲁夫的BTL磁致伸缩位移传感器被安装在油缸中，能够精准控制车辆油缸的动作，确保生产无误，提高了能效。

巴鲁夫的BTL磁致伸缩位移传感器在液压油缸内可以做到油缸行程的精准检测，一个油缸内安装一根位移传感器，用于精准且连续地检测油缸的行程变化，控制焦炉炉门位置精确启闭。这套以磁致伸缩位移传感器为核心的系统，能够结合PLC和液压技术，运用计算机实现精准控制和高度自动化的管理。

传统煤焦化的油缸运动都是人为操控的，操作人员根据经验来判断炉内煤炭焦化的状态，而后再执行进一步的操作。而实现"无人值守"后，操作人员则是通过控制油缸内内置式的位移传感器来监测位置信息，信息传输到电气控制中心，油缸通过设定的数据参数进行运动。精准控制整个过程，不能仅仅依赖操作人员的经验。

（二）河北京煤太行化工有限公司

河北京煤太行化工有限公司位于易县流井乡西豹泉村，注册资本15343万元，是国家民爆器材定点生产企业，始建于1974年，前身为中国人民解放军51029部队化工厂，2005年由北京京煤集团有限公司整体并购。主要产品有胶状乳化炸药、乳化粒状铵油炸药、混装炸药。自2021年起，公司开始注重数字化建设，在新厂区先后建设完成JK乳化炸药生产线、机器人包装系统、JWL-LZRobot型履带式装卸机器人系统，实现了机器人工业炸药智能自动包、视觉自动定位跟踪、智能机器人抓取码垛等，从理料到装箱实现了全过程智能化生产，改造后工业炸药产能由之前24000吨提升至43000吨，将车间单条生产线操作工人由6人减少至3人，降低了风险。在实现减人提效的同时，公司效益也明显得到提升，2021年公司的产值为8900万元，2022年预计产值实现1.7亿元，人均工资增长8%。

为解决中包药卷多根、少根及人员超配问题，采用药卷视觉检测系统，发现药卷数量不准，自动将药卷退入循环皮带在进中包前的码垛皮带上方增加视觉检测装置和剔除装置。若视觉检测系统检测到药卷数量不合格，剔除装置会自动将药卷倒回到回料皮带，确保了药卷在进中包前数量准确。

MGEPL-R型机器人工业炸药智能化包装设备吸收国际领先的智能机器人、影像自动定位跟踪等先进技术，从理料至装箱出品全过程真正实现全自动无固定操作人员。一台机器人抓取速度最快为175根/min，抓取药卷直径为25~200mm，抓取重量最大10公斤，一套包装系统可满足大、小直径炸药品种的包装需求，实现对每根药卷的全过程追溯。全线实现了炸药包装的无人化，提升工作效率30%以上。

目前，该公司正在建设"工业互联网+安全生产"系统。该系统以包装型工业炸药制药装药系统、机器人工业炸药智能化自动包装线、智能装车机器人等为基础，通过利用数字化车间互联互通的优势，结合民爆物品生产的安全要求，提炼设备和生产线的运行参数、产能负荷、历史数据、维护等级等关联要素，集生产管理、资源计划、设备管理、安全管理、质量追溯等管理元素于一体，形成以"工单排程""条码应用""安全可控""智慧车间"为核心特征的综合信息系统，实现信息从底层设备层向上贯穿至企业管理层的交换。同时，通过工业互联网融合民爆企业现有信息系统，打破"数据孤岛"和"信息孤岛"，实现全生产流程安全数据的汇聚与应用，有效提高企业管理质量和管理效率。

五 国内煤化工行业发展重点、特点

国内现代煤化工项目主要集中在内蒙古、陕西、宁夏、山西、新疆等地，产业发展的园区化、基地化格局初步形成。目前，已经具有一定规模的煤化工基地主要有内蒙古鄂尔多斯煤化工基地、宁夏宁东能源化工基地、陕西榆横煤化工基地以及新疆的准东、伊犁、吐哈、和丰等煤化工基地。大多数现代煤化工基地都包含煤炭开采、现代煤化工等上下游关联产业，有的还与石化、电力等产业实现了多联产。除煤制天然气外，我国煤制烯烃、煤制油、煤制芳烃、煤制乙二醇的技术和工业化水平均已全面领先世界，我国在现代煤化工领域已经攀升至世界最高点。煤化工产值规模增速开始不断提高，但在"双碳"目标下，"十四五"煤化工增速将会放缓。

现代煤化工的主要目标是生产清洁能源和化工产品，包括煤（甲醇）制烯烃、煤制天然气、煤制乙二醇和煤制油。现代煤化工可以实现煤炭清洁有效利用，是促进煤炭产业结构调整的重要途径。依靠我国丰富的煤炭资源，现代煤化工将成为我国结合煤炭能源和化工的新兴产业，例如，煤气化联合循环发电技术，高新科技的优化和继承。现代煤化工生产采用煤转化高科技，在能源梯级利用和产品结构方面优化了生产工艺、整合示范，并不断提高了煤化工行业的整体经济效益。未来煤炭清洁转化的发展将以煤的合理、清洁、高效转化为基础，以建立煤制油、煤制化学品或煤制氢与燃气、蒸汽联合循环发电为主线的多联产体系为手段，以实现循环经济发展、提高效率、改善环境和降低消耗及实现CO_2的零排放为目标，并向大型化、规模化和集约化发展。

六　煤化工行业发展建议

煤化工行业涉及面广，产业链庞大且复杂，应通过打造数字化供应链来提高自身的核心竞争力，降低生产成本和运营成本，在提高盈利能力的同时保持高价值，为内部和外部利益相关者提供服务，提高供应链效率。

（一）提高全链可视化程度，促进全部门协同，提高决策效率

供应链的核心环节包括计划、采购、销售等，需求和供应计划在所有的流程环节上。传统的供应链计划是分离的、阻隔的、滞后的，各个环节的需求不透明、反馈不及时，上下游并没有连接，可视化程度不高，更不能实现自动预测、预警。数字化供应链计划改变了传统电子表格台账模式，基于云平台统一进行计划管理，与上下游建立系统间的连接，囊括贸易伙伴和其他生态系统实体，实现从端到端的供应链计划决策一致性；供应链计划与公司整体业务战略相关联，支持战略执行，精细到业务部门、业务环节，实现90%以上的流程都能够在无须人工干预的情况下进行需求自动预测，让供应链计划决策更科学、更及时、更有效。

（二）加强上下游协作，提高采购效率，降低采购成本

采购是供应链中非常关键的一环，通常情况下，原料成本占产成品总成本的60%～70%，原料采购在成本控制、保障生产、内部各业务环节协同、上下游供应链生态企业的战略合作方面起到了至关重要的作用。传统供应链的采购成本不可控、效率低下，缺乏以数字分析为核心的决策是最大的"痛"。传统的采购之所以"痛"是因为采购流程的各个节点不通（内部部门之间、外部企业之间系统不连接），全人工或部分人工使流程不顺畅（电话、

微信等非数字化沟通方式）。数字化供应链采购将以数字化平台方式进行采购业务协同、供应商实时连接和协同，对业务协作沉淀的数据进行数字化分析，在支出分析、采购寻源战略、采购决策制定、供应商协作方面更加精准、高效。可自动感知物流需求、自动触发补货请求，实时分类和管理支出，预测未来供应来源，基于数字分析供应商绩效趋势、监控潜在供应商风险，基于采购业务实时协同、进度时效实时可见，最大限度提升采购效率、降低采购成本。

（三）以客户需求为中心，革新传统销售模式，提高销售利润

销售是供应链的利润中心。传统的供应链以产品为中心，并不关注和注重客户需求，不连接客户，销售是以一人之力去连接和销售的行动，供应链是从左到右的线性链条，以资产为驱动。随着煤化工行业向市场化转变，在当下的商业环境中，传统销售的经验和旧有模式已经无法适应行业的发展。数字化供应链销售将以数字化平台连接客户，实时掌握客户需求，以客户为中心，实现客户需求实时共享、销售队伍自动化、销售流程自动化，实现销售计划预测、销售绩效分析、销售趋势分析，为公司销售战略、生产及采购业务战略提供科学的决策参考，同时寻求最大化的利润。

（四）协同各环节，多维度预测、预警，强化仓储管理

仓储在供应链中担负原料管理以及成品配销的功能，是供应链的重要纽带。传统的供应链仓储大多数只是用于实物的流通、储存和管理，对计划的制订、业务的预测支撑较弱。数字化供应链仓储

更注重协同，进行库存实时预警，触发补货，减少因缺货造成的停线损失；产成品可销售库存实时可见，比对实际销售计划、销售价格，为销售决策、定价策略提供精准的预测参考；对原料和产成品的库存、采购、销售和发运进行数字化管理，实现库存预测、库存计划自动预警，实现采购和销售同步。

（五）完善物流体系，增强链路实时管控，提升运行效率

物流是供应链中最重要的一部分，只有建立了强大的物流体系，才能保证供应链的正常运作。对于原料的采购，物流不仅仅是完成货物的运输，更多的是需要提升运输时效、降低路损，最大化降低采购成本；对于产成品的销售，物流可以提高每次交付的整体价值，提升客户体验；对于原料进厂、产成品出厂，更注重进厂、出厂效率。供应链物流数字化，将采购运输、进厂、出厂、销售运输、返厂、退货等所有物流进行实时在线管控，建立平台化的运力体系、运价体系，将供应商运力、客户运力、厂区自有运力都进行数字化，与外部供应商、客户、承运商物流实时协同，对各环节的运输状态、货物安全、位置、轨迹实时可视，对运输时效、进度实时掌握，提升供应链整体运行效率，促进供应链整体降本增效。

参考文献

戴盈、余碧莹、杨星义等：《中国煤化工行业低碳转型路径优化研究》，《煤炭经济研究》2024年第1期。

宗莉莉：《煤化工行业绿色供应链管理实践与解决方案》，《现代企业》2023 年第 11 期。

周娟娟：《煤化工行业产品产量继续保持适度增长》，《中国煤炭报》2023 年 8 月 12 日。

白金奎：《煤化工行业财务绩效评价研究》，《产业与科技论坛》2023 年第 11 期。

渠沛然：《延链强链，传统煤化工向"新"求变》，《中国能源报》2023 年 4 月 17 日。

舟丹：《现代煤化工行业市场前景影响因素》，《中外能源》2023 年第 4 期。

陈家运：《煤化工蝶变："以氢代煤"焕发新机》，《中国经营报》2023 年 3 月 27 日。

于文静：《煤化工技术的发展与新型煤化工技术研究》，《化工设计通讯》2022 年第 9 期。

梁川、杨旭：《煤化工企业的数字化转型之路》，《软件和集成电路》2022 年第 7 期。

刘东凯、魏东、巨文章：《"双碳"背景下现代煤化工的发展前景》，《石河子科技》2022 年第 3 期。

区域篇

B.10
江苏模式：推动制造业"智改数转网联"

张磊 王庆瑜 王丹 王琦 付宇涵*

摘 要： 2023年，江苏积极实施智能化改造、数字化转型、网络化联接"三大行动"，更加注重以"网联"放大"智改数转"效应，打造数实融合强省，统筹推进传统产业焕新、新兴产业壮大、未来产业培育"三大任务"，聚焦16个先进制造业集群和50条产业链，强化产业集群思维，加快构建以先进制造业为骨干的现代化产业体系，全省两化融合发展水平为67.9，总体水平位居全国前列，为全

---

* 张磊，国家工业信息安全发展研究中心信息化所工程师，从事两化融合、数字化转型相关领域研究；王庆瑜，国家工业信息安全发展研究中心信息化所工程师，从事两化融合、数字化转型等相关领域研究；王丹，国家工业信息安全发展研究中心信息化所工程师，从事两化融合、数字化转型相关领域研究；王琦，国家工业信息安全发展研究中心信息化所助理工程师，从事两化融合、数字化转型相关领域研究；付宇涵，国家工业信息安全发展研究中心信息化所产业研究部主任，高级工程师，从事两化融合、工业互联网、数字化转型等相关领域研究。

国推进制造业数字化转型发展提供了可参考的对策建议。

关键词： 智改数转网联 两化融合 先进制造业 江苏模式

一 江苏推动制造业"智改数转网联"重点举措

江苏以制造强省建设为统揽，积极实施智能化改造、数字化转型、网络化联接"三大行动"，更加注重以"网联"放大"智改数转"效应，打造数实融合强省，全力推动新型工业化建设走在前、做示范。

（一）规划政策

江苏发布实施了一系列重要的规划政策、建设指南和工作清单，有效推动了全省信息化和工业化在更广范围、更深程度、更高水平上实现融合发展。

2021年8月，江苏省工业和信息厅发布了《江苏省"十四五"信息化和工业化深度融合发展规划》，提出制造业全面数字化转型的"6+3+1"布局推进步伐明显加快，新一代信息基础设施建设、软硬件核心系统供给能力、中小企业数字化改造、工业互联网赋能、数字化转型服务商、新模式领军企业培树六大任务全面实施，30条优势产业链数字化、网络化、智能化整体水平大幅提升，"一网一池一平台"信息安全保障体系基本建成，多方参与、互利共赢的融合发展生态不断完善。

2021年11月，江苏省人民政府发布了《江苏省"十四五"制造业高质量发展规划》，提出要开创全面数字化转型的智能制造新图景。坚持系统推进产业数字化和数字产业化，以智能制造为主攻方向，深入实施智能制造工程，大力发展数字经济，制定智能制造引领制造业高质量发展实施方案，加快制造模式和企业形态变革，打造制造业全面数字化转型江苏样板。

2021年12月，江苏省人民政府发布了《江苏省制造业智能化改造和数字化转型三年行动计划（2022—2024年）》，提出要坚持把数字经济作为江苏转型发展的关键增量，加快推进数字产业化、产业数字化，深入实施先进制造业集群培育和产业强链行动计划，全面推动全省制造业智能化改造和数字化转型，促进制造业高质量发展。

2022年2月，江苏省人民政府发布了《关于全面提升江苏数字经济发展水平的指导意见》，提出要加快制造业数字化转型。加强"一业一策"引导，研究制定重点行业数字化转型实施方案、路线图、评估评价体系，开展"产业大脑"建设应用试点。深入开展智能制造试点示范，加快推进智能车间、智能工厂建设，全面提升企业"智改数转"水平。深入实施工业互联网创新工程，支持建设综合型、特色型和专业型工业互联网平台，打造一批省级工业互联网标杆工厂，加快创建国家"5G+工业互联网"融合应用先导区、工业互联网产业示范基地。

（二）建设指南

编制《江苏省分行业智能化改造数字化转型实施指南》。2023

年江苏正式发布了 12 个细分行业"智改数转"实施指南，共有 76 家单位参与编制，涵盖了 95 个关键环节、214 个重点场景、94 个典型案例，旨在推动江苏省传统重点产业更好地实施智能化改造、数字化转型，破解企业"不想转、不敢转、不会转"难题，为广大中小企业实施"智改数转"提供全面指导。

编制《江苏省智能制造示范车间建设指南》。为深入贯彻落实省委、省政府关于加快推动江苏制造业高质量发展走在前列的要求，进一步鼓励企业加大智能化改造投入力度，提升企业智能制造水平，江苏连续多年开展智能制造示范车间申报工作。申报的车间需满足以下条件：智能装备全面应用，生产物料精准配送，生产过程实时管控，生产信息跟踪追溯，能源消耗智能管控，安全环保智能管控，综合效益明显提升，车间内外联动协同。

编制《江苏省智能制造示范工厂建设要点》。为深入推进智能制造，加大省智能制造示范工厂建设和示范力度，推动各地各行业更大力度应用新技术、新模式、新装备，提升全省智能制造发展水平，江苏连续多年组织开展智能制造示范工厂申报工作。

编制《江苏省工业互联网标杆工厂建设指南》。工业互联网标杆工厂主要依托工业互联网平台，综合运用数据采集与集成应用、建模分析与优化等技术，实现制造系统各层级优化，以及产品、工厂资产和商业的全流程优化，完成企业生产模式创新。

编制《江苏省重点工业互联网平台建设指南》。引导和鼓励有实力、有条件的工业互联网平台企业在核心技术突破、应用赋能创新、产业生态营造和公共服务支撑等方面持续提升优化；引导和鼓励制造企业、信息技术企业、互联网企业等，建设面向重点行业、重点区域、特定领域的工业互联网平台；引导和鼓励平台赋能园区、基地、集群等区域经济数字化转型。

编制《江苏省星级上云企业评定工作指南》。为贯彻落实《省政府关于深化"互联网+先进制造业"发展工业互联网的实施意见》《江苏省制造业智能化改造和数字化转型三年行动计划（2022—2024年）》《江苏省加快推进工业互联网创新发展三年行动计划（2021—2023年）》，大力推动"企业上云"，强化星级上云企业建设，特制定本指南。

（三）工作清单

江苏省印发《制造业智能化改造数字化转型重点工作清单》，聚焦16个先进制造业集群和50条重点产业链，加快制造业数字化、网络化、智能化建设，推动新一代信息技术与制造业深度融合。

进一步激发企业转型动能。建立"宣传、评估、诊断、规划、实施"推进体系，在规上工业企业评估和诊断全覆盖的基础上，建立企业分类分级培育库，逐群逐链征集行业实施指南，梳理共性问题和痛点问题，凝练总结关键环节、典型场景和解决方案，为专项政策扶持提供参考，为企业开展"智改数转"提供路线图。

进一步加快企业数字化改造。以生产设备、关键工序和业务环节数字化为重点，省市协同进一步加大对"筑峰强链"重点企业生产设备、工业软件和企业级工业互联网平台等数字化改造投入的支持力度。

进一步推进企业网络化建设。加快建设网络、数据中心等数字化基础设施，强化低延迟、高可靠、广覆盖的网络性能，推动行业和区域级工业互联网平台建设，健全完善网络安全和数据安全分类分级管理体系，为企业设备数字化改造和业务流程数字化改造提供容量、技术和安全基础保障。

进一步加快企业智能化改造。围绕"1650"产业体系，聚焦"筑峰强链"重点企业库，按照"储备一批、培育一批、认定一批、支持一批"的原则，以生产作业环节为重点，以典型场景为基本要素，从车间、工厂、企业三个层面构建省制造业智能化改造分类分级建设体系，推动企业从制造环节到企业层面的全面智能化改造。

进一步强化资源要素集聚。加快"智改数转"优质服务商的引进和培育，鼓励和支持各地分集群和产业链开展标杆示范参观见学、供需对接等活动，加强工作推进体系建设，形成合力，更大力度推动企业"智改数转"。

二 江苏推动制造业"智改数转网联"工作成效

近年来，江苏省委、省政府深入学习贯彻习近平总书记对江苏工作重要讲话精神，认真落实党中央、国务院决策部署，按照"四个走在前""四个新"重大要求，深入推进新型工业化，锚定制造业数字化网络化智能化发展方向，率先出台《江苏省制造业智能化改造和数字化转型三年行动计划（2022—2024年）》，充分发挥制造大省和网络大省的叠加优势，加快制造业智能化改造和数字化转型步伐，打造产业竞争新优势，为促进全省经济运行率先好转、奋力推进"强富美高"新江苏现代化建设发挥了重要作用。江苏坚持把智能制造作为制造强省建设的主攻方向,把数字经济作为转型发展的关键增量,着力破解企业"不愿转""不会转"问题,组织专家开展"智改数转"免费诊断企业超4.3万家,截至2023年10月末,全省累计实施"智改数转"改造项目5万个,完成改造项目企业1.9万家。目前,江苏正以"网联"放大"智改数转"效应,加快云计算、大数据等新一代信息技术与实体经济融合,打造更多5G工厂,进一步提升智能制造水平,锻造"江苏制造"面向国内外市场、面向未来的竞争新优势。当前,江苏累计有4.9万余家企业开展了两化融合自评估自诊断。2023年,全省两化融合发展水平为67.9,较全国平均水平(61.3)高出10.8%,总体水平位居全国前列,数字化研发设计工具普及率、关键工序数控化率、经营管理数字化普及率等关键核心指标继续保持全国领先(见表1)。

表1 2023年江苏省两化融合发展水平

地区	样本总量(家)	水平
江苏	49175	67.9
全国	286405	61.3

资料来源:基于两化融合公共服务平台数据测算。

(一)整体发展现状

近年来,江苏大力推进制造业"智改数转网联",两化融合顶层设计逐步加强,整体意识日益提高,发展成效不断显现,为制造强省建设奠定了坚实基础,两化融合发展水平及数字化研发设计工具普及率等三个关键指标继续领跑全国，企业数字化水平大幅度提升，正进入向纵深发展的新阶段。从全国范围发展情况来看，2023年江苏省两化融合发展水平为67.9（见图1）；在关键指标方面，江苏省数字化研发设计工具普及率达到89.4%，较上一年提高1.3个百分点；关键工序数控化率达到63.7%，较上一年提高2.1个百分点；经营管理数字化普及率达到85.0%，较上一年提高3.7个百分点（见图2）。

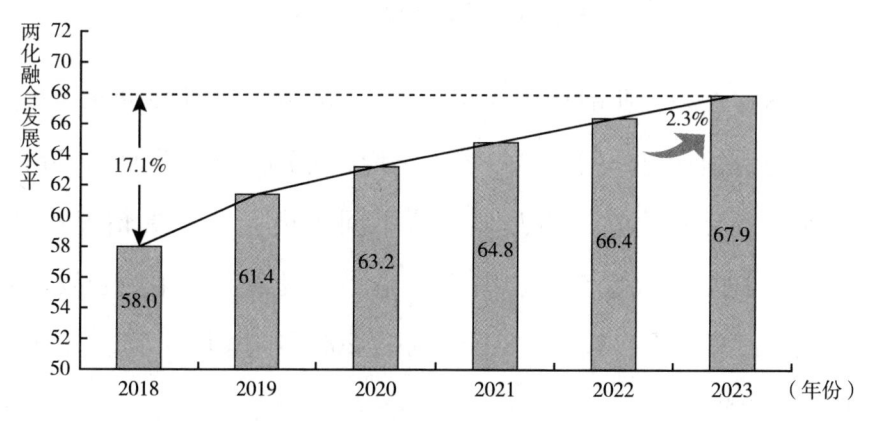

图1 2018~2023年江苏省两化融合发展水平

资料来源：《江苏省两化融合发展数据地图（2023）》。

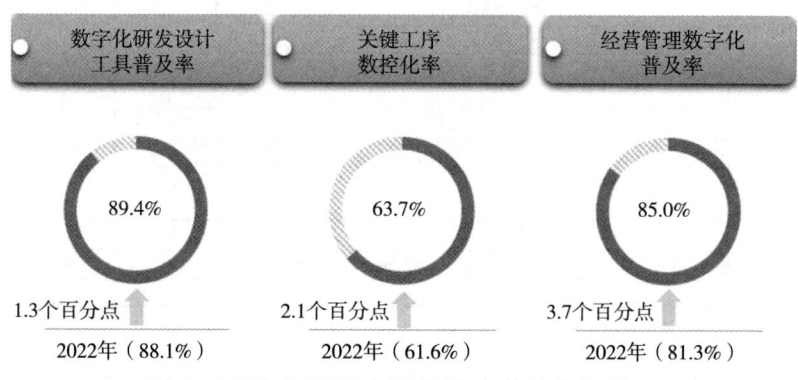

图2 2023年江苏省两化融合关键指标情况

资料来源：基于两化融合公共服务平台数据测算。

165

江苏省积极主动顺应新一轮科技革命和产业变革趋势，推动制造强省和网络强省建设，制定了一系列促进制造业高速转型发展的政策，助力两化融合发展水平连续多年保持稳定增长。从不同年份发展情况来看，2023年江苏省两化融合发展水平较2022年增长2.3%，较2018年增长17.1%，近六年年均增速3.2%，发展水平实现稳步增长。

（二）不同规模企业融合发展现状

江苏省大型企业两化融合发展水平远超中小企业发展水平，融合发展的引领示范作用突出；中、小型企业两化融合发展水平增速快，融合发展成效进一步凸显。从不同规模企业发展情况来看，2023年，江苏省大型企业、中型企业、小型企业两化融合发展水平分别为74.7、64.3、55.8，分别较2022年提升0.7%、1.3%、1.8%（见图3）。

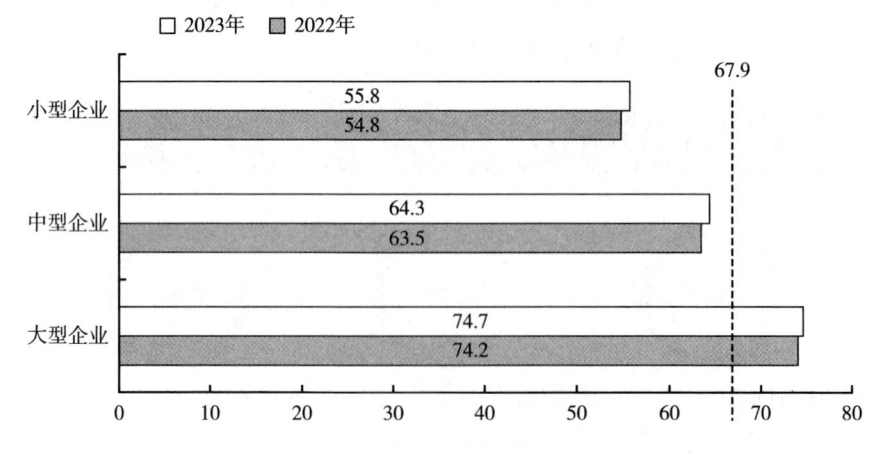

图3 2023年江苏省不同规模企业两化融合发展水平

资料来源：基于两化融合公共服务平台数据测算。

三 江苏推动制造业"智改数转网联"经验总结

（一）加强政策引导和支持

江苏省政府高度重视"智改数转网联"，制定了一系列政策措施，如《江苏省制造业智能化改造和数字化转型行动计划》《江苏省智能制造发展规划》等，明确了制造业"智改数转"的发展目标、重点领域和实施路径。同时，设立专项资金，给予企业技术改造、智能制造项目等方面的支持和奖励。

（二）构建完善的产业链和生态体系

江苏省积极推动制造业产业链的优化升级，聚焦重点产业链，引导企业加大技术研发和创新力度，提升产业链的附加值和竞争力。同时，江苏省着力构建完善的产业生态体系，推动企业、高校、科研机构、行业协会等多方协同创新，加强产学研用衔接，为制造业"智改数转"提供有力支撑。

（三）推进重点领域和关键环节的改革突破

江苏省聚焦制造业"智改数转"的重点领域和关键环节，推动改革突破。例如，在智能制造装备方面，江苏省推进关键智能制造装备的研发和应用，如机器人、智能传感器等；在制造过程智能化方面，推动企业实现生产过程的智能化、自动化和信息化；在工业互联网方面，加快基础设施建设，推动企业上云用云，构建工业互联网平台，实现生产数据的高效流通和应用。

（四）发挥企业主体作用

江苏省充分发挥企业在制造业"智改数转"中的主体作用，鼓励企业加大技术改造投入力度，提升智能制造水平。一方面，引导企业抓住智能制造的战略机遇，制订智能制造发展规划，明确"智改数转"的目标和路径；另一方面，支持企业加强与高校、科研机构的合作，引进国际先进技术和管理经验，提升企业的创新能力和竞争力。

（五）制定人才政策，优化创新创业环境

江苏省高度重视人才培养和引进，制定了一系列人才政策，如高层次人才引进计划、人才培养项目等，为制造业"智改数转"提供人才支持。同时，江苏省积极改善创新创业环境，加强产学研合作，推动科技成果转化，为制造业"智改数转"提供技术支持。

（六）加强国际合作与交流

江苏省积极推动制造业与国际先进地区的合作与交流，引进国际知名企业和研发机构，提升制造业的国际竞争力。同时，江苏省积极参加国际展览会和论坛，加强与各国在制造业"智改数转"领域的交流与合作，分享先进经验和技术。

四　结束语

加快数字化转型是企业在危机中育新机、于变局中开新局的战

略性支点，要顺应大局大势发展，以数字化转型引领驱动经济高质量发展，努力在新机遇中寻求新发展。数字化转型本质上是加快新一代信息技术与先进制造技术融合，实现对制造业全方位、全业务、全要素的变革。江苏省是实体经济大省，制造业规模全国最大，深入实施制造业数字化转型、智能化改造、网络化联接"三大行动"，纵深推进数字技术与实体经济深度融合、赋能制造业转型升级，有力支撑打造新型工业化道路下的"江苏模式"。

参考文献

信长星：《以制造强省建设为统揽　全力推动新型工业化建设走在前做示范》，《新华日报》2023年10月23日。

朱爱勋：《全省制造业智能化改造数字化转型工作推进会上的讲话》，2023年9月20日。

谢志成：《江苏推进制造业数字化转型的实践与探索》，2022年10月28日。

B.11
福建省以制造业数字化转型引领高质量发展

韩宇 王琦 王丹 付宇涵[*]

摘　要： 福建省聚焦高质量发展，在制造业数字化转型方面取得了显著进展。通过深化工业互联网创新，以提质、降本、增效、绿色、安全为目标，推动新技术和新模式的应用，构建新的产业体系，创造新的供给方式，夯实新的支撑条件，打造全方位高质量发展新动能。本文系统梳理福建省"两化融合"发展现状和取得的成效，形成以两化深度融合为引领的数字化转型发展模式与路径，为进一步推进福建省制造业企业数字化转型提供重要数据与理论支撑。

关键词： 数字化转型　两化融合　制造业　福建省

---

[*] 韩宇，国家工业信息安全发展研究中心信息化所助理工程师，从事两化融合、数字化转型相关领域研究；王琦，国家工业信息安全发展研究中心信息化所助理工程师，从事两化融合、数字化转型相关领域研究；王丹，国家工业信息安全发展研究中心信息化所工程师，从事两化融合、数字化转型等相关领域研究；付宇涵，国家工业信息安全发展研究中心信息化所产业研究部主任，高级工程师，从事两化融合、工业互联网、数字化转型等相关领域研究。

一　福建省数字化转型政策环境

为深入推进新型工业化，推进制造业数字化转型，持续增强工业核心竞争力，福建省持续优化企业发展政策环境，围绕产业转型、科技创新、可持续发展等方面，陆续发布了多项政策规划，旨在为企业实现转型升级提供政策支持。

（一）分业推进产业转型升级

聚焦重点产业，开展专项规划。颁布《福建省"十四五"制造业高质量发展专项规划》，聚焦石化、生物医药等九大重点产业，实行"一产业、一规划、一政策、一专班"工作机制，促进新一代信息技术与制造业融合发展，深入推进传统产业与新兴产业加快发展。

深化产业融合发展，推广转型典型应用案例。为加快推动工业企业数字化转型，福建省于2022年出台了《福建省工业数字化转型三年行动计划（2023—2025年）》《关于推进工业数字化转型的九条措施》等文件，召开泉州、厦门、福州现场会，通过印发典型应用案例，推广普及新一代信息技术与制造业融合发展的创新模式[1]。

夯实产业数字底座，加快工业转型升级。为加快工业转型升级，福建省围绕企业上云、"千兆城市"建设、数据中心建设、企业技改等方面夯实产业转型基础。全省加大力度培育工业互联网平

---

[1] 资料来源于福建省工业和信息化厅关于省政协十三届一次会议20231270号提案的答复。

台，聚焦差异化、特色化、专业化，在不同领域遴选省级工业互联网示范平台，深入实施"上云用数赋智"行动，实施"5G+工业互联网"创新工程。同时推进"千兆城市"建设，统筹推进5G和千兆光网建设，累计建成5G基站7.5万个[①]。此外加大数据中心建设力度，共建成互联网数据中心标准架7.5万个。

（二）构建创新发展体系

在强化科技创新能力方面，一是支持企业科技创新发展，推动实施重点创新项目。2022年，福建省在电子信息、新材料、先进装备制造、生物医药等领域，组织实施52个技术创新重点攻关及产业化项目。二是加强优质企业梯度培育。积极开展专精特新中小企业入库培育，形成创新型中小企业、省级专精特新中小企业、专精特新"小巨人"和单项冠军企业梯次发展格局。三是推进产学研联合体、新型研发机构发展。提升国家技术转移海峡中心等创新服务平台功能，聚集中国科学院海西研究院、厦门大学、福州大学等高校科研院所创新要素，推动科技成果对接转化。

在创新人才引育方面，一是大力培育产业领军团队，吸引重点发展产业所需的创新型创业人才，深入开展引才"百人计划"。实施产学研联合创新团队项目，通过"揭榜挂帅、校企联合、跨校组建"等模式，组建产学研创新团队，促进多学科协作创新，加快高校科研成果在企业转化。二是制定出台工科类青年专业人才支持暂行办法，大力支持企业引进专业人才，开展关键领域科研创

---

① 资料来源于福建省工业和信息化厅关于省政协十三届一次会议20231085号提案的答复。

新,优化产业人才队伍结构。三是通过成立北京理工大学东南信息技术研究院、新工科产业学院,每年输出新工科产业人才1万人以上,服务福建企业转型升级。

在专精特新企业创新发展方面,福建省不断健全优质中小企业梯度培育体系,制定《福建省优质中小企业梯度培育管理实施细则》。通过进一步完善专精特新企业认定特色化指标,引导企业以特色发展和市场需求为导向,提供创新产品和服务。印发《福建省技术创新重点攻关及产业化项目实施方案》,着力推动核心技术自主创新发展。落实知识产权助力专精特新中小企业创新发展若干措施,积极引导企业发挥商标与专利的组合效应,实现品牌附加值和市场竞争力的全面提升。

(三)培育可持续发展模式

加强企业绿色升级政策支持。以技术应用为核心,加快绿色化发展。出台《福建省推进绿色经济发展行动计划(2022—2025年)》,推动产业绿色低碳循环发展。在能耗较高的冶金、建材、石化等行业,支持企业、科研院所、数字化转型服务商创新行业应用,鼓励企业利用AR/VR/MR、大数据、人工智能等新一代信息技术,在设计、生产、经营环节实施产品全生命周期数字化管理,提高企业对生产计划排产、全流程能耗管控、产品生命周期碳足迹追踪能力,实现对生产能耗的实时监测、精确控制,推动制造业提升质量、降低成本、提高效率,并朝绿色、安全方向发展。

实施绿色低碳技术创新行动。聚焦于化石能源的绿色开发、低碳利用、降碳减排等关键领域,推进实施碳中和关键技术与示范,加快低碳零碳负碳关键核心技术攻关。一是推广绿色化转型解决方案，如福州富昌维控的慧网物联系统、厦门奥普拓的能耗在线监测管理平台、厦门牧云数据的智慧环保大数据运营管理平台等一批示范平台。二是培育壮大一批具有自主知识产权的企业，如新大陆、慧翰微电子、上润等绿色化转型设备供给企业。三是鼓励推进工业软件关键技术产业化攻关，培育形成省级工业App优秀解决方案32个。

推动传统行业节能降碳改造。以钢铁、化工等高能耗行业为重点，积极开展能效对标，持续推动低于基准水平的企业有序实施改造升级。同时，鼓励实施低效设备更新改造和能量系统优化，推动能源梯级利用，建设智慧能源管理平台实现数字化降碳。推进绿色制造体系建设，提升技术装备绿色化、智能化水平，在福州高新区等国家绿色产业示范基地积极开展绿色工厂、绿色园区建设。

二 福建省制造业数字化转型发展现状

福建省聚焦高质量发展目标，加快建设工业互联网平台，打造现代化产业体系，培育数字化转型标杆企业和典型应用场景，推动新一代信息技术与产业融合发展。本节基于两化融合公共服务平台（www.cspiii.com）企业评估数据，重点分析表征企业数字化、网络化、智能化、新模式新业态方面的数字化转型指标。

（一）数字化发展

2023年，福建省制造企业数字化软硬件部署日益完备，价值链关键环节数字化发展水平稳中有升。在研发设计环节，超过八成的企业已应用数字化工具开展产品建模、仿真及验证,数字化研发设计工具普及率达88.3%。[1] 在生产制造环节,企业能够对生产工艺和流程数据进行采集传输,基本实现网络化和智能化生产,福建省企业关键工序数控化率达62.3%。在经营管理环节,面向中小企业推广应用经营管理和生产管控类工业软件,不断夯实经营管理数字化基础,2023年福建省经营管理数字化普及率达84.0%。

(二)网络化发展

近年来,福建省企业在设备联网、平台应用、网络协同等环节开展互联互通基础上的资源优化配置和统一管理,推进网络化发展水平快速提升。一方面,企业设备联网是网络化发展的重要举措,2023年福建省数字化生产设备联网率达47.4%,企业通过工业互联网不断提升设备数据采集、存储、分析能力。另一方面,企业通过云平台开展生产、经营、管理、服务等活动和过程的集成与互联,2023年福建省工业云平台应用率达53.9%。

(三)智能化发展

福建省以智能制造为主攻方向,推动集成电路、核心硬件、智能软件等产业规模化发展,进一步深化与制造业的融合发展。近年来,福建省积极推广智能化技术与产品应用,智能制造基础进一步夯实,生产经营状况的智能分析优势显现。其中,智能制造就绪率达11.2%,实现生产经营智能分析的企业比例达9.2%。

---

[1] 如无特别标注,本文数据均来源于两化融合公共服务平台(www.cspiii.com)。

（四）新模式新业态

随着省内企业数字化转型的不断深化，企业逐步向平台化设计、网络化协同、个性化定制等新产品新模式新业态发展。一是平台化设计为产业多样化、高质量发展持续注入新动能，不断助力企业产品研发设计、工艺优化迭代、服务模式拓展等创新活动，使企业保持长期竞争优势。二是福建省鼓励制造企业发展协同化研发设计，加强供应链上下游企业信息数据共享，开展协同化设计、生产和服务，2023年实现网络化协同的企业比例达到38.3%。三是个性化定制作为消费品行业的变革探索，2023年，省内企业逐步增强定制设计和柔性制造能力，开展个性化定制的企业比例达到8.6%。

三 福建省制造业数字化转型发展成效

福建省聚焦高质量发展，在工业数字化转型方面取得了显著进展。通过深化工业互联网创新，以提质、降本、增效、绿色、安全为目标，推动新技术和新模式的应用，构建新的产业体系，创造新的供给方式，夯实新的支撑条件，持续深化新一代信息技术与工业融合发展工作部署，打造全方位高质量发展新动能。

（一）新产业格局加速演进

近年来，福建省在工业数字化、网络化和智能化转型方面取得了显著进展，转型步伐日益加快，通过树立新标杆、培育新平台和探索新模式，实现了 8 个产业集群的产值在 3000 亿元以上。

通过培育跨行业跨领域工业互联网平台，打造新模式新业态标杆企业，制定标识解析建设和应用指南，推广先进典型示范标杆。宁德市成为全国首批产业链供应链建设试点城市，福州京东方、宁德时代入选世界经济论坛"灯塔工厂"，福州市建设信息基础设施和推进产业数字化成效明显。福州软件园实施"一园多区"发展模式，厦门软件园加快构建五大特色产业集群，福州、厦门两市先后被评为"中国软件特色名城"。

（二）重点领域发展势头强劲

福建省高新技术企业数量已突破万家，福建省成功培育省级专精特新中小企业 1255 家，国家专精特新"小巨人"企业增至 349 家[1]。通过遴选产业领军团队，福建省成功引进了一批"高精尖"人才，并落地实施了多项高水平研发项目，实现了 130 多项关键核心技术的突破。在稀土永磁、硬质合金、光伏技术等工艺技术领域，福建省已跻身国内先进行列。此外，福建省还积极建设厦门金砖创新基地，并连续举办三届论坛及相关活动，以推动"金砖+"国家间的合作创新。

（三）绿色化水平显著提升

推动落实重点行业"十四五"节能降碳实施方案和工业能效指南及相关政策措施，推进粗钢和水泥合理生产，实现行业平稳发

---

[1] 资料来源于福建省工业和信息化厅关于省政协十三届一次会议 20231085 号提案的答复。

展和节能降碳绿色发展。2022年，发布三批113项省级重点节能改造项目，年节能71万吨标准煤。新遴选15家省级能效"领跑者"企业、6家水效"领跑者"企业（园区）。"电动福建"三年行动计划推动设立内河船舶绿色智能发展试点，多地建设标准化"光储充检智能超充站"，多个城市入选国家林业碳汇试点市。采取一系列措施，加强重点用能企业的节能管理，其中包括推进能耗在线监测系统的建设，实现重点用能企业的全面联网，并开展节能诊断服务。

四 福建省制造业数字化转型发展建议

福建省产业体系健全、制造业底蕴深厚，未来应以增强智能制造与供应链协同能力为切入点，逐步打造绿色制造及精细化管控模式。以传统优势产业为基础，以新兴潜力产业为引领，稳步提升产业基础能力和产业链供应链现代化水平，推动制造业实现智能化、绿色化转型升级。

（一）提升智能制造及供应链协同能力

传统产业历经多年的调整优化、数字化转型和智能化改造，信息化建设基础逐步夯实，两化融合发展水平稳步提升。建议企业加大应用新一代信息技术建设智能制造单元、智能产线、智能车间和智能工厂的力度，强化生产运行的动态化监测和自动化控制。另外，在质量管控、能源管理、设备预防性维护以及供应链集成等领域，持续加强智能化技术的运用，积极探索基于数据的产业生态体系及产业链集成共享平台等创新模式,强化产业链上下游配套衔接,向稳定生产与产能平衡的高端产品制造方向发展。

(二)推进产品创新,提高平台化营销水平

在产业化推进并与服务业融合发展的过程中,要积极利用互联网、大数据等技术分析用户需求,不断创新产品营销模式,推广差异化产品,以用户为核心,探索个性化定制和产品全生命周期追溯模式,实现用户深度参与价值共创。不断将智能化技术融入产品中,联合企业、高校、科研院所等开展技术攻关,打破技术壁垒。持续发挥供应链精细化管控优势,加强销售业务和分销渠道的深入集中管控,提高采购信息的透明度,对仓储、配送、交付等过程进行智能调度、自动优化和全程控制,推进实现准时制供应和零库存管理。

(三)打造绿色制造及精细化管控模式

加快绿色低碳科技创新,严格控制高载能高排放产业的产能扩张,鼓励推广清洁生产工艺技术和装备,深化企业清洁生产改造,加快推进园区循环化改造。通过优化园区空间布局,促进园区内产业链横向与纵向的拓展,实现生产的集约化和循环化。同时,在集约高效、绿色清洁的目标下,逐步建立数据采集应用体系,围绕生产计划与调度、现场作业等业务环节,强化在线实时交互、协同优化和全过程闭环管理,实现质量、能耗、安全、环保等因素的全覆盖及精细化管控。

五　结束语

福建省通过政策引领、试点示范等举措，有力推动省内制造企业数字化普及、网络化联接、智能化制造水平持续提升，特别是在数字化发展方面形成优势。下一步，福建省可立足现有产业优势，持续发挥产业园区、龙头企业的带动示范作用，积极培育产业新模式新业态，补足高质量发展过程中的弱项短板，推动全省工业数字化转型加快发展。

参考文献

付宇涵、马冬妍、董豪、柴雯：《信息化促进制造业高质量发展现状及主要问题》，《中国科技信息》2020年第10期。

付宇涵、马冬妍、唐旖浓等：《工业互联网平台赋能流程制造行业转型升级场景分析》，《科技导报》2022年第10期。

付宇涵、马冬妍、崔佳星：《工业互联网平台推动下中国制造业企业两化融合发展模式探究》，《科技导报》2020年第8期。

国家工业信息安全发展研究中心：《中国两化融合发展数据地图（2022）》，2022。

徐超强、李碧珍、李馨滢：《论福建装备制造业数智化发展》，《福州党校学报》2023年第5期。

张雪江、章竟：《"互联网+"背景下福建传统制造业转型升级模式研究》，《市场周刊》2022年第12期。

B.12
宁夏回族自治区制造业数字化转型的现状分析与发展模式研究

王丹 韩宇 付宇涵 张磊 王天美*

摘　要： 宁夏回族自治区积极推进制造业数字化转型，推动产业数字化、数字产业化发展，持续提升制造业高端化、智能化、绿色化发展水平。2023年，为推动自治区制造业高质量发展迈上新台阶，宁夏坚定不移推进"四大改造"，深化新一代信息技术与制造业融合发展，积极发展智能制造，深入推进"互联网+制造业"，探索建设虚拟产业园，推动全区制造业数字化、网络化、智能化转型取得明显成效。

关键词： 数字化转型　产业数字化　数字产业化　宁夏回族自治区

宁夏回族自治区坚持以发展实体经济为经济增长的着力点，推进产业高端化、智能化、绿色化、融合化发展，推动构建现代化产

---

* 王丹，国家工业信息安全发展研究中心信息化所工程师，从事两化融合、数字化转型等相关领域研究；韩宇，国家工业信息安全发展研究中心信息化所助理工程师，从事两化融合、数字化转型相关领域研究；付宇涵，国家工业信息安全发展研究中心信息化所产业研究部主任，高级工程师，从事两化融合、工业互联网、数字化转型等相关领域研究；张磊，国家工业信息安全发展研究中心信息化所工程师，从事两化融合、数字化转型相关领域研究；王天美，国家工业信息安全发展研究中心信息化所助理工程师，从事两化融合、数字化转型相关领域研究。

业体系，实施"四大改造"攻坚行动，推动全区产业集聚发展，加快推进制造业数字化转型。

一 宁夏回族自治区制造业发展进程

自治区成立以来，我国在宁夏布局建设了首个发电厂、钢铁厂、电机厂和煤炭基地等。在"三线建设"时期，超过100家大中型企业从东部迁移至宁夏，同时，宁夏也新建了一批规模较大的骨干企业。改革开放以来，宁夏着力建设宁东能源化工基地，吸引了神华、大唐、国电、中石油、中石化等大型央企。党的十八大以来，宁夏推动资源枯竭型城市转型、绿色园区和工厂及新型工业化建设等，促进了工业经济结构不断优化、效益不断提升。目前，宁夏已经建立起较为完善、具有一定规模和技术水平的现代化产业体系，涌现出一批优势骨干企业。

近年来，宁夏回族自治区深入贯彻新发展理念，重点产业高质量发展取得新成就。特色产业不断发展，绿氢、芳纶、氰胺等产能已跃居全国前列，宁东地区成为全国最大的煤制油和煤基烯烃生产基地，国家新能源综合示范区正在加速建设。新兴产业加快发展，宁夏成为我国的网络枢纽和互联网交换"双中心"省区，在全国实现电子商务进农村综合示范省域全覆盖。加强科技攻关，煤间接液化成套技术实现国家科技进步一等奖"零的突破"，3D铸造打印技术实现产业化应用，"借智创新"的"宁夏模式"在全国推广，科技创新能力明显提升。

二　宁夏回族自治区以两化深度融合推动数字化转型发展现状

两化融合是新型工业化的典型特征和重要任务，是新时期推进制造业数字化、网络化、智能化发展的必由之路，是建设制造强国、网络强国和数字中国的扣合点。推动信息化和工业化深度融合，深入推进新型工业化，是全区工业经济高质量发展的重要战略选择。本文重点聚焦研发设计、生产制造、软件应用、经营管理等方面，分析宁夏回族自治区企业数字化转型现状，并从横向覆盖角度，分析信息技术在企业关键业务环节全面融合应用情况，以评价企业数字化转型整体现状。

（一）宁夏回族自治区两化融合发展水平

1. 两化融合发展总体水平

2023年，宁夏回族自治区两化融合发展水平为53.5[①]，较2022年水平（51.5）增长3.9%，较2019年增长15.3%，两化融合发展水平稳中有升，具体如图1所示。近年来，宁夏回族自治区两化融合发展水平实现稳步增长，企业数字化转型基础不断夯实，基础设施体系不断完善，转型发展步伐加快，模式业态持续创新，为全区制造业高质量发展不断注入新动能。自治区培育壮大先进制造业，大力发展优势主导产业，推动产业集聚集群发展，全面推动

[①] 如无特别标注，本节数据来源于两化融合公共服务平台（www.cspiii.com）。

产业数字化、数字产业化。全区生产智能化、绿色化水平稳步提升，创新能力逐步增强，高端化、绿色化、智能化协调推进，产业链、供应链配套衔接，融合发展取得明显成效。

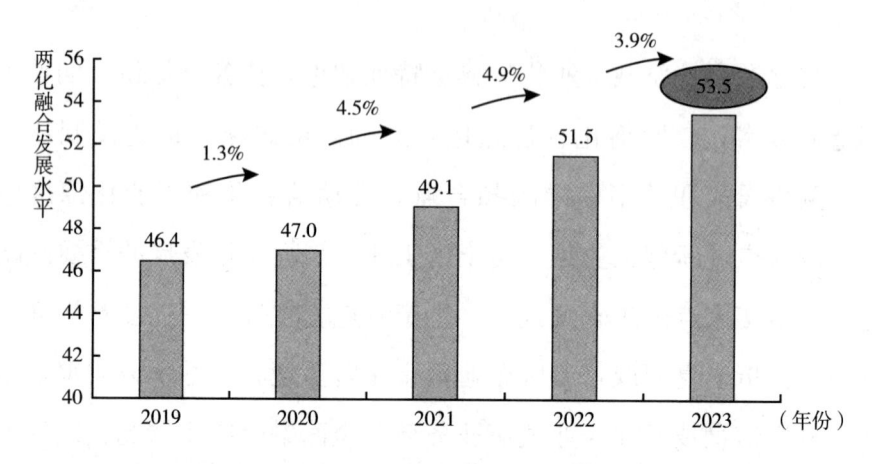

图1 2019~2023年宁夏回族自治区两化融合发展水平

2. 不同规模企业两化融合发展水平

对比不同规模企业，大型企业两化融合发展水平优势明显，与此同时，中小企业保持追赶之势，与大型企业之间的差距逐渐缩小。2023年，宁夏回族自治区大型企业、中型企业和小型企业的两化融合发展水平分别为56.9、53.8、46.7。近年来，自治区大型企业持续加大信息化投入力度，加快推进工业互联网应用，积极探索培育新技术新产品新模式新业态，两化融合发展水平持续提高，是制造业核心竞争力提升的重要增长极。中小型企业通过上云用云等方式，充分释放创新活力，发展质量得到有效提升，与大型企业的两化融合发展水平差距持续缩小，在产业链和创新链中发挥的作用愈加重要，大中小企业协同发展趋势明显。随着未来"大型企业建平台、中小企业用平台"模式的日趋成熟，宁夏回族自治区逐渐构建起以优势特色行业为重点的工业互联网平台体系。

3. 工业园区两化融合发展水平

2023年，宁夏回族自治区为扎实推进两化融合工作，进一步推动国家级产业园区制造业质量变革、效率变革、动力变革，培育打造具有国际竞争力的先进制造业集群，摸清园区企业数字化转型发展现状及痛点、堵点等问题，助力园区数字化、网络化、智能化发展水平全面提升。宁夏回族自治区24个工业园区开拓数字化融合发展，两化融合发展水平不断提升，宁东能源化工基地开发区两化融合发展水平达到63.5，远高于全区平均水平。

（二）关键业务环节数字化转型现状

2023年，宁夏回族自治区关键业务环节全面数字化的企业比例[1]达到34.2%，超过1/3的企业在研发设计、生产制造、采购等关键经营环节实现了数字技术融合应用。在研发设计环节，超六成企业应用数字化工具开展产品建模、仿真及验证，数字化研发设计工具普及率[2]达61.0%。在生产制造环节，宁夏回族自治区2023

---

[1] 关键业务环节全面数字化的企业比例是指实现了数字技术与企业生产经营各个重点业务环节全面融合应用的企业比例。目前所统计的关键业务环节包括企业研发设计、生产、采购、销售、财务、人力、办公等关键经营环节。

[2] 数字化研发设计工具普及率是指应用数字化研发工具的工业企业占全部样本工业企业的比例。目前所统计的数字化研发设计工具是指辅助企业开展产品设计，实现数字化建模、仿真、验证等功能的软件工具。对于离散行业企业，是指应用了二维或三维CAD；对于流程行业企业，是指应用了产品配方信息化建模工具。

年生产设备数字化率①与数字化生产设备联网率②分别为51.2%及43.9%,生产设备的数字化改造与升级也带动着宁夏企业数控化进程加快,全区关键工序数控化率③为62.0%。在工业软件应用方面,企业资源计划管理软件(Enterprise Resource Planning,ERP)普及率为60.0%,制造执行系统(Manufacturing Execution System,MES)普及率为26.8%,产品生命周期管理(Product Lifecycle Management,PLM)普及率为22.6%。云平台是企业实现内部集成与外部协同的重要环境与技术支撑,2023年宁夏回族自治区工业云平台普及率为45.1%,接近一半的企业基于云平台的功能部署相关业务,为深入应用云服务类型、全面部署与集成业务环节和流程提供宝贵的经验借鉴。

(三)重点产业数字化转型升级现状

2023年,宁夏回族自治区新型材料、清洁能源、装备制造、数字信息、现代化工、轻工纺织产业两化融合发展水平进一步提升,其中数字信息产业维持全区"六新"产业第一位,水平达到65.7,

---

① 生产设备数字化率是指工业企业数字化生产设备数量占样本企业生产设备总量的比例均值,目前所统计的数字化生产设备对于流程行业来说,包括单体设备中具备自动信息采集功能的设备;对于离散行业来说,包括数控机床、数控加工中心、工业机器人、带数据接口的机电一体化设备等。
② 数字化生产设备联网率是指已联网的数字化生产设备数量占全部数字化生产设备总量的比例。目前所统计的已联网的数字化生产设备包括能与控制系统进行数据交换的数字化生产设备。
③ 关键工序数控化率是指样本工业企业关键工序数控化率均值。流程行业关键工序数控化率是指关键工序中过程控制系统(例如PLC、DCS、PCS等)的覆盖率;离散行业关键工序数控化率是指关键工序中数控系统(例如NC、DNC、CNC、FMC等)的覆盖率。

高于全省平均水平（53.5）22.8%，其次为清洁能源、装备制造、新型材料产业，分别为59.5、57.4、54.9，均高于全省平均水平。

1. 新型材料产业：聚焦管理、生产、安全等环节，推进自动化生产和数字化集成管控

2023年，宁夏回族自治区新型材料产业两化融合发展水平达到54.9。自治区围绕高性能金属材料、化工新材料、储能材料、前沿新材料等重点领域，实施多个重点项目，陆续建成全国单体最大的多晶硅工厂、单晶硅工厂与储能电池工厂，引进实施延链补链项目143个。2023年，宁夏芳纶煤制烯烃、氨纶、负极材料等产能进入全国前列。

2. 清洁能源产业：推动产业向高端化、绿色化、智能化方向发展

2023年，宁夏回族自治区清洁能源产业两化融合发展水平达到59.5。自治区全链推进清洁能源产业，加快建设光伏、风电基地，构建清洁低碳安全高效能源体系。充分利用数字化、信息化、智能化新技术，加强对水、火、瓦斯、煤尘、顶板等灾害防治，全面提高灾害预防和综合治理水平；运用数字化和智能化技术推进智慧电厂建设，探索现役煤电向综合能源服务商转型；提升煤矿、电网、油气管网智能化建设运营水平。积极推进实施智能发电管控一体化管理模式，提升电力系统网络安全防护能力，推广水冷机组改空冷系统技术，鼓励支持粉煤灰、脱硫石膏等固废资源综合利用，推动产业向高端化、绿色化、智能化方向发展。

3. 装备制造产业：从"制造"到"智造"，提升核心装备数控化率

2023年，宁夏回族自治区装备制造产业两化融合发展水平达

到57.4。自治区稳步提升智能仪器仪表、先进矿山机械、绿色铸造、精密轴承等传统优势装备产业优势，做强做精高端工业母机、清洁能源装备、智能电工电气等优势特色装备产业，重点发展智能煤机、数控机床、智能农机等产品，推广普及智能生产装备，提升核心装备数控化率等，并依托工业互联网赋能与公共服务平台的支撑作用，促进产业信息化、智能化发展，实现了从"制造"到"智造"的产业迭代升级。

4. 数字信息产业：打造算力产业链，推进产业数字化、数字产业化和治理数智化

2023年，宁夏回族自治区数字信息产业两化融合发展水平达到65.7。宁夏回族自治区信息基础设施水平位居西北前列，深度推进"互联网+先进制造业"，建成工业互联网标识解析二级节点，培育75个企业级工业互联网平台，实现1000多家工业企业上云、千台工业设备联网，形成了共享、宝丰、力成电气等一批制造业数字化转型样板。宁夏回族自治区建设国家"枢纽节点"和"交换中心"双中心，打造算力产业链，建设国家"东数西算"示范、信息技术应用创新、国家级数据供应链培育"三大基地"，加快推进产业数字化、数字产业化和治理数智化。

5. 现代化工产业：工业互联网赋能产业现代化发展

2023年，宁夏回族自治区现代化工产业两化融合发展水平达到52.6。自治区以化工园区为载体，布局低碳产业链，不断提升化工产业链现代化水平。推广应用宁夏化工行业工业互联网赋能平台，为化工行业提供设备管理、安全生产监测预警、智能制造等云服务。自治区大力推行智能制造，培育认定自治区智能工厂、数字

化车间、制造业领先示范企业（产品），开展绿色工厂、智能工厂、数字化车间创建，增强设备全生命周期管理能力，加快推进现代化工企业生产设备设施数字化改造。

6.轻工纺织产业：深入实施智能改造，转型升级稳步推进

2023年，宁夏回族自治区轻工纺织产业两化融合发展水平达到50.4。自治区化学原料药迅猛发展，全区纱线产能实现高速提升。食品领域引进伊利、蒙牛等一批大型知名企业，建设有蒙牛（宁夏）乳制品加工全数智化工厂等。自治区轻工纺织产业转型升级稳步推进，培育认定轻工纺织产业"链主"企业、行业领先示范企业、绿色工厂、数字化车间、产业转型升级项目、工业互联网建设应用试点项目，对企业实施数字化转型诊断评估，深入实施智能改造，加大数字化、网络化、信息化技术应用支持力度，推动加快数字赋能升级步伐。

三 宁夏回族自治区制造业数字化转型升级模式与路径

近年来，宁夏回族自治区聚焦清洁能源、现代化工、新型材料、电子信息、先进装备制造产业等领域推进工业互联网和智能制造赋能企业，产业结构逐步优化，在做大做强"六新"产业上同频共振、持续发力。

（一）新型材料产业上下游联动，特色产业集聚发展

宁夏回族自治区新型材料产业聚焦高性能金属材料、化工新材

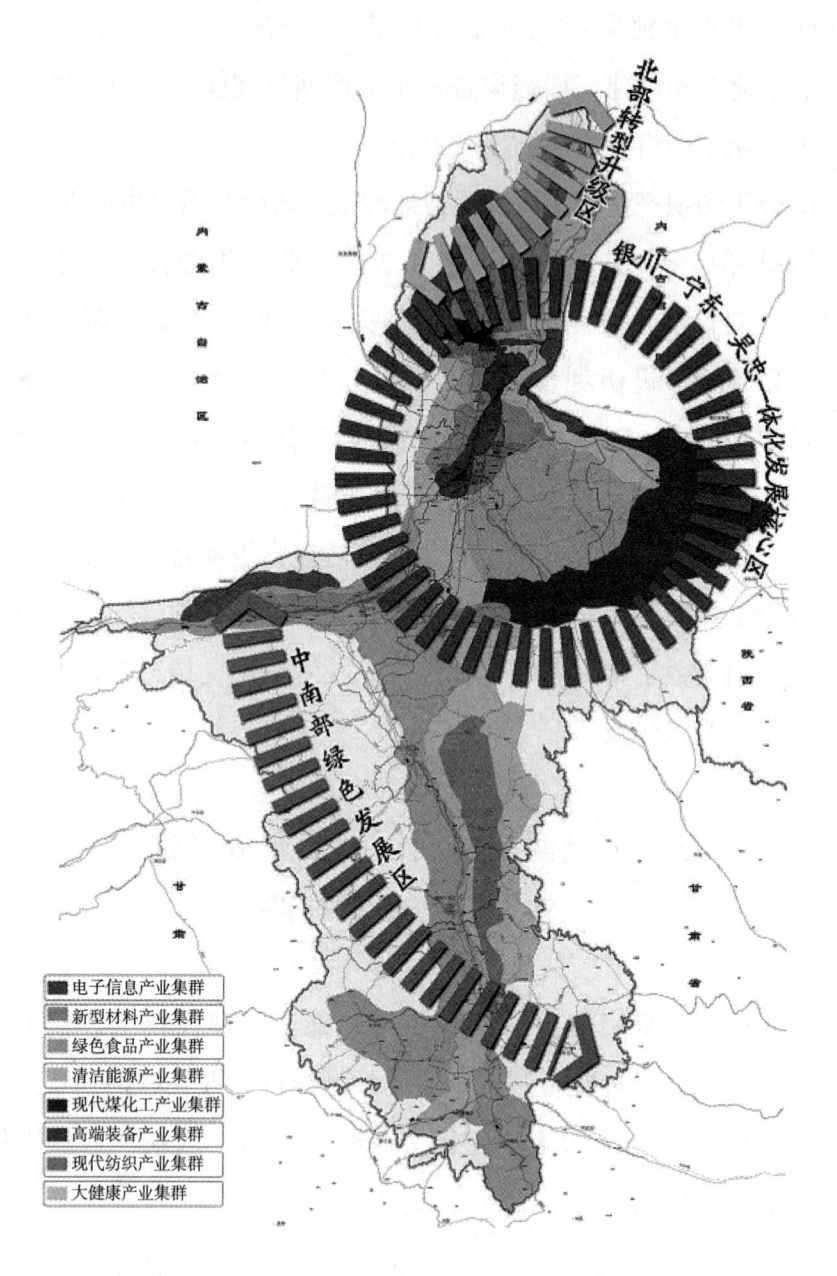

图 2 宁夏回族自治区"六新"产业集群分布

料、先进无机非金属材料、电池材料、电子信息材料等重点领域，着力打造光伏、烯烃下游高端树脂、高性能纤维及复合、锂离子电池、铝镁合金、电子信息、特色精细现代化工材料等7条优势特色产业链，积极构建"一核五群"发展格局，致力于打造新型材料产业基地。

宁夏依托适宜的自然环境和丰富的矿产资源，为储能、半导体、电子化学等新型材料的生产降本增效提供先天优势，成为新材料产业发展的"天然大工厂"，拥有隆基绿能、东方希望、天津中环、晶盛机电、百川锂电等龙头企业，形成了一定的产业基础和规模效应。

新型材料产业处于产业链上游，为下游产业提供生产和技术支持，上下游联动性强。宁夏持续建链延链补链，形成了光伏材料、锂电池材料、高性能金属材料特色产业集群，并且推进高性能纤维材料上下游一体化发展，整体呈现多元发展、集约协同态势。

（二）清洁能源产业结构不断优化，设备支撑能力逐渐增强

宁夏清洁能源产业聚焦光伏、风电、氢能、储能等领域，加快新能源资源开发，并且通过推进能源清洁高效利用和技术研发，加快建设新型绿色能源体系。银川、石嘴山市已形成光伏全产业链，新能源装机规模达到3040万千瓦。自治区推动建设宁东国家大型煤炭基地、"西电东送"火电基地、现代煤化工基地，清洁能源产业发展逐渐向产业链集群化迈进。

新能源装备项目建设逐步推进，光伏玻璃、电池组件等产能逐步提升。成功研发超重型智能控制刮板输送机、超高压快速真空断

路器等能源装备，光伏面板配套能力由3GW提升到15GW，在风机主机组装及主要零部件配套、动力电池、锂电池材料等领域形成一定产业规模。

（三）装备制造产业向精细化发展，打造特色新优势

装备制造主要包括高档工业母机、新型仪器仪表与尖端电工电气新产品制造，清洁能源、智慧矿山、现代农业、节能环保等领域的先进智能装备及关键零部件研发，绿色智能铸造、增材制造等先进制造技术。宁夏回族自治区正推动建设以银川为中心、以石嘴山和吴忠为两翼的先进装备制造产业集群，打造高端装备制造产业基地。

在装备制造行业，宁夏形成了以矿山机械、清洁能源装备、仪器仪表、铸件铸造、数控机床、电工电气等为主的产业结构，拥有共享集团、小巨人机床、小牛自动化、威力传动等一批细化行业龙头企业，构建起产业特色优势。产品技术呈现精细化、特色化的特点，以天地奔牛、维尔铸造、吴忠仪表等为代表的企业在智能装备研发方面形成独特优势。截至2023年底，全区装备制造业具有产值超过10亿元的企业8家、产值超过1亿元的企业35家，规模以上企业研发机构实现全覆盖，高端装备制造业产值占装备制造业产值的比重达到55%，高新技术产品产值占装备制造业产值的比重达到45%，涌现出隆基宁光、新大众等国家级"小巨人"企业。

（四）数字信息产业态势初步显现，数字基建日趋完善

数字信息产业包含电子元器件、半导体材料等的重点研制，云计算、大数据、电子信息等信息技术及应用研究，围绕云计算、大

数据产业链的信息技术应用创新。近年来，宁夏以银川经济技术开发区为电子制造和软件开发核心，依托中卫西部云基地，加快国家"枢纽节点"和"交换中心"双中心建设，推动建设"东数西算"示范、信息技术应用创新、国家级数据供应链培育"三大基地"。

2023年，自治区已基本形成以银川经济技术开发区为核心、以中卫西部云基地为支撑、"多区"产业分布的发展格局，建成光伏全产业链、大数据中心集群、软件和信息技术企业梯队。通过建设部署5G基站，实现了主城区、工业园区5G网络覆盖，形成国家（中卫）新型互联网交换中心，并加快建设全国一体化算力网络宁夏枢纽节点。

（五）现代化工产业呈现集聚效应，研发生产向智能化迈进

现代化工涉及煤制油、煤制烯烃等现代煤化工下游高附加值产品，氰胺衍生品、高端树脂等电石化工下游产品，着力提升精细化工绿色化连续化生产工艺水平、石油化工的精细化新产品和绿色节能工艺水平等。宁夏依托宁东能源化工基地，加快现代煤化工产业链建设，推动建设"中国氨纶谷"，致力于打造现代化工产业基地。

现代化工产业关联度高、带动性强，是宁夏工业经济的支柱产业之一，已形成以煤化工、石油化工、电石及深加工、精细化工为主导的产业结构，涵盖了100多种产品。宁夏现代化工产业以化工园区为主阵地，国家级现代煤化工产业示范区、宁东百万吨级"中国氨纶谷"、石嘴山"氰胺之都"加速建设；万华、晓星、泰和等头部企业入园推进产业链进一步延伸。宁夏依托宁东现代煤化工产业研究院、中试基地、微反应技术实验室等创新平台，推进产

品研发设计智能化。国家能源集团宁夏煤业公司实施了百万吨级烯烃智能制造国家试点示范项目，实现了从生产控制到经营决策的全面智能化管控。宁夏在煤化工产业的智能化转型方面取得了显著进展，通过技术创新和应用，提升了产业的效率和竞争力。

（六）轻工纺织产业链不断延伸，推进产品附加值持续提升

轻工纺织涉及乳制品、枸杞制品、葡萄酒等特色产品的精深加工，化学药品原料药、制剂和中药的新产品及绿色生产，纺织原料的绿色化、功能化加工。近年来，宁夏回族自治区通过实施"三品行动"——增品种、提品质、创品牌，打造特色轻工纺织集聚区，推动产品生产朝绿色化、差异化、高附加值方向转型。

宁夏在乳制品、葡萄酒、枸杞、粮油等领域表现突出，开展精深加工，产品多元发展。引进伊利、蒙牛、长城等企业，形成了金积工业园等13个绿色食品加工集聚区。全区医药工业形成了较为完善的产业体系，以化学原料药为主，建成隆德、彭阳等8个中药材产业示范基地。纺织产业中棉纺集群以贺兰工业园、金积工业园为中心，并拥有以灵武现代纺织产业园、同心工业园为中心的完整羊绒加工集群。

四 发展建议

（一）网络体系强基

推进企业内网升级。支持工业企业运用新型网络技术和先进适

用技术改造企业内网，推进企业内网 IP 化、无线化、扁平化、柔性化改造，对工业现场"哑设备"进行网络互联能力改造，支撑多元工业数据采集，提升异构工业网络互通能力，推动工业设备跨协议互通。

加快企业外网建设。推动基础电信企业提供高性能、高可靠性、高灵活性、高安全性的网络服务，实现光纤网、移动通信网和窄带物联网、工业无源光网络等技术在工业企业应用。推动工业企业、工业互联网平台、标识解析节点、安全设施等接入高质量外网。

（二）平台体系建设

建设企业级和行业级平台。支持重点企业与第三方合作，建设符合企业发展需求、解决实际问题的企业级平台。针对行业应用的共性问题，采用"揭榜挂帅"等方式，建设一批行业级工业互联网平台。提升平台应用服务水平，开发和推广平台化、组件化的工业互联网行业系统解决方案。

建设数字车间和智能工厂。支持有条件的工业企业综合集成运用先进适用的工业软件和工业控制系统，促进关键生产环节工艺数据自动采集和生产线全流程数字化，打造数据驱动的数字车间、智能工厂。

（三）用云体系推广

推动工业设备上云用云。制定行业重点工业设备数据上云指南，推动工业窑炉、工业锅炉、石油化工设备等高耗能流程行业设

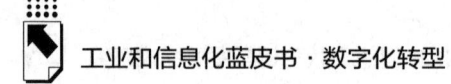

备、柴油发动机、大中型电机、大型空压机等通用动力设备，风电、光伏等新能源设备，工程机械、数控机床等智能化设备上云用云，基于平台实现云端数据交互、设备全生命周期动态管理，提高设备运行效率和可靠性，降低资源能源消耗和维修成本。

加快核心业务系统上云用云。推动行业龙头企业围绕研发设计、生产管控、工艺改进、供应链协同、市场营销、客户管理等开展核心业务系统云化改造。鼓励产业链上下游中小企业积极对接龙头企业云平台，实现供应链资源共享、产业链协同和上下游企业共同升级。

（四）技术能力提升

强化重点传统产业基础技术支撑。充分发挥产业联盟和行业协会作用，鼓励煤化工、电石深加工、铁合金、金属锰、钽铌铍稀有金属材料等区内重点传统产业，独立或联合工业互联网服务商，充分利用信息技术推动基础工艺、控制方法、运行机理等工业知识的数据化、模型化、软件化，强化行业基础技术支撑能力。

提升资源池服务商支撑能力。积极引入和培育国内领先的工业互联网服务商，组织服务商开展数字化诊断评估，提供"一对一"系统解决方案。开展自治区工业互联网资源池服务商能力评价，加强资源池动态管理。

（五）产业融通深化

加快大中小企业融通发展。支持行业大型企业引领推广、中小企业广泛应用的融通发展模式，鼓励领先企业推广供应链体系和网络化组织平台，打造符合中小企业需求的数字化平台、系统解决方案、产品和服务，带动中小企业的数字化能力提升和订单、产能、资源等共享。

加大新模式培育推广。鼓励行业龙头企业与信息技术企业联合加大5G、大数据、人工智能等数字技术应用力度，全面提升研发设计、工艺仿真、生产制造、设备管理、产品检测、服务销售等智能化水平，重点支持培育智能化制造、网络化协同、个性化定制、服务化延伸、数字化管理等新型模式。

（六）安全保障强化

建立工业互联网企业网络安全分类分级管理制度。落实国家工业互联网企业网络安全分类分级管理制度，明确企业安全责任要求和标准规范，强化指导监督，深入开展宣标贯标、达标示范，遴选安全优秀示范企业。

提升宁夏工业互联网安全态势感知平台保障能力。拓展完善自治区工业互联网安全态势感知平台服务广度和深度，完善态势感知、事件通报、整改落实的闭环管理。

参考文献

付宇涵、董豪、马冬妍：《工业互联网：融合发展突破口》，《企业管理》2019年第12期。

付宇涵：《我国制造业两化融合发展路径》，《企业管理》2020年第9期。

王丹、王庆瑜、付宇涵：《新形势下中国两化融合发展的新方向》，《互联网天地》2021年第8期。

左越、莫笑迎、孙玉龙：《区域产业数字化转型模式研究》，《未来与发展》2023年第1期。

国家工业信息安全发展研究中心：《中国两化融合发展数据地图（2022）》，2022。

王孟一：《中国传统制造业如何实现转型升级？——以宁夏共享集团为例》，《中国经济评论》2021年第7期。

马静：《互联网+背景下宁夏装备制造业转型升级路径研究》，《自动化与仪器仪表》2017年第11期。

B.13
区域数字化转型发展的安徽模式探究

韩宇 王丹 王琦 付宇涵*

摘 要： 安徽省深入实施制造业提质扩量增效"4116"行动计划，组织开展工业稳增长、优势产业壮大、数字赋能、优质企业引育、科技产业协同创新、质量提升、绿色发展、降本增效"八大行动"，推动制造业高端化、智能化、绿色化发展。通过梳理安徽省推进数字化转型的顶层规划体系，分析安徽省企业数字化、网络化、智能化和新模式新业态发展情况，能够总结形成安徽省以两化深度融合为引领的数字化转型发展模式与路径。

关键词： 工业企业 数字化转型 安徽省

一 安徽省制造业发展进程

安徽省的制造业发展可追溯至洋务运动时期，在此期间，安徽

---

* 韩宇，国家工业信息安全发展研究中心信息化所助理工程师，从事两化融合、数字化转型相关领域研究；王丹，国家工业信息安全发展研究中心信息化所工程师，从事两化融合、数字化转型等相关领域研究；王琦，国家工业信息安全发展研究中心信息化所助理工程师，从事两化融合、数字化转型相关领域研究；付宇涵，国家工业信息安全发展研究中心信息化所产业研究部主任，高级工程师，从事两化融合、工业互联网、数字化转型等相关领域研究。

省制造业取得了令人瞩目的成就,包括制造出我国历史上第一艘机动舰船和第一部电话机,这些重要的历史事件标志着安徽制造之路的正式开启。20世纪50年代,安徽自力更生兴建了一批重点企业,如两淮煤矿、马鞍山钢铁厂、铜陵有色等,资源型工业的兴起开启了安徽工业发展的康庄大道。改革开放以来,安徽省制造业加快发展,特别是轻工业快速崛起,安徽成为"轻工大省"。

自20世纪90年代起,安徽省的汽车工业迎来了新的发展机遇,奇瑞汽车和江淮汽车等企业的崛起标志着安徽汽车工业进入一个自主创新的时代,为国内汽车市场的发展作出了重要贡献。此外,安徽省的电子信息产业也迎来了蓬勃发展的春天。以京东方、科大讯飞等企业为代表,安徽省的电子信息产业在显示技术、人工智能和语音识别等领域取得了世界领先的成果,为全球电子信息产业的发展注入新的活力。这些企业的成功,不仅为安徽省经济发展带来了新的动力,也为我国电子信息产业的转型升级树立了典范。

经过长期的不懈努力,安徽省已经打造出一个强大的制造业体系,综合实力明显增强,新兴产业跨越式提升,汽车、光伏等成为安徽制造业的特色产业。企业活力和市场竞争力增强,海螺水泥远销海外,合力叉车跻身世界工业车辆行业,语音识别人工智能全球领先,冰箱、洗衣机、彩电产量处于全国领先地位,中建材凯盛集团生产的30微米柔性玻璃触碰玻璃享誉全球。

二 安徽省制造业数字化转型发展重点举措

安徽省制造业发展战略强调通过高端引领和龙头带动的方式,

来实现产业基础的高级化和产业链的现代化。这一战略着重于提高制造业的质量效益和核心竞争力，目标是通过数字化转型、基础再造、平台赋能、集群培育、产业升级以及创新驱动等一系列措施，加快制造业的高端化、智能化和绿色化发展。

（一）完善数字化转型服务支撑体系，有序开展数字化转型诊断咨询工作

安徽省为向广大制造业企业提供数字化转型精准服务，分行业分类别遴选数字化服务商，建立起全省综合性制造业数字化转型服务商资源池。通过推动各市开展数字化转型供需对接活动，组织服务商参加全省制造业数字化转型升级要素对接会。同时吸引一批长三角优质服务商赋能皖企，如上海展湾联合合肥彩虹玻璃实现了溢流法玻璃生产核心工艺的全自动控制，使产品良率显著提升，大幅提升了企业的国际竞争力。

（二）夯实数字基础设施建设，构建工业互联网赋能体系

安徽省强化数字基础设施的支撑作用。在加强基础设施支撑方面，已实现省辖市城区、县城城区、乡镇镇区 5G 网络全覆盖，行政村 5G 通达率大幅提高，合肥、芜湖、黄山、宿州成为千兆城市。推进机器换人"十百千"行动，建设智能工厂、数字化车，减人、节能、降本增效显著。

安徽省以"建平台、用平台"为发展战略，推动工业互联网的快速发展。安徽省制定并实施了《支持工业互联网发展若干政策》《安徽省工业互联网创新发展行动计划（2021—2023 年）》

《推进制造业数字化模式创新行动方案（2022—2025年）》等政策文件，共同构成了一个系统化的框架，形成了"1+16+N"的工业互联网平台体系。该体系以"双跨"平台为创新引领，利用行业平台纵向整合，利用区域平台横向扩展，企业平台则起到示范和带动作用。

（三）培育特色产业集群，优势产业提质再升级

安徽省大力推进制造业融合化集群化发展，突出链群协同、串珠成链、聚链成群、集群成势，大力推进十大新兴产业加快发展，构建万千亿产业体系。围绕家电产业，安徽省正全力推动传统家电向智能家电、智能家居、智慧家庭方向迈进，打造极具国际影响力的智能家电（居）产业集群、世界级智能家电（居）产业集群。围绕世界级智能语音制造业集群，形成国家级智能语音及人工智能产业基地——"中国声谷"。

安徽省在全国提出并实施制造强省战略，坚持"科创+产业""龙头+配套""基地+基金"等驱动战略，持续完善产业链条、壮大产业集群，一批万亿级、千亿级特色优势产业迅速崛起，支撑并引领安徽省制造业高质量发展。如安徽省大力实施汽车"首位产业"培育工程，推动整车、零部件、后市场"三位一体"发展，实现换挡加速。

三 安徽省制造业企业数字化转型发展现状

2023年，安徽省深入实施制造业提质扩量增效"4116"行动

计划，组织开展工业稳增长、优势产业壮大、数字赋能、优质企业引育、科技产业协同创新、质量提升、绿色发展、降本增效"八大行动"，推动制造业高端化、智能化、绿色化发展。

（一）数字化发展水平

近年来，安徽省围绕工业高质量发展的瓶颈和短板，以强化工业科技创新为主线，增强企业创新主体地位，打造创新平台和载体，大力支持关键核心技术攻关，加快推进企业科技成果转化，鼓励企业在重点生产制造环节应用过程控制系统、数控系统等，加强关键环节数控化管理，提升底层装备与生产线利用效率，提高企业生产制造水平。2023年，安徽省关键工序数控化率达到62.0%[①]，较上年增长了5.2个百分点，较2019年提高了15.0个百分点，企业积极推进生产设备与生产线数字化改造，加强内外网络建设，应用数控系统，开展数字化生产制造活动。

（二）网络化发展水平

近年来，安徽省推动制造业企业加快上云用平台，实施低成本、快部署、易运维的数字化改造，分行业形成一批应用成效显著的企业样板。引导细分行业企业参照改造样板，标准化、高质量、低成本快速推动中小企业数字化改造。通过"羚羊"等工业互联网平台，加快推广中小企业数字化软件服务包。2023年安徽省工业云平台普及率达到62.8%，高于全国平均水平7.8个百分点，较

---

① 如无特别标注，本文数据均来源于两化融合公共服务平台（www.cspiii.com）。

上年增长0.3个百分点。全省着力推动企业形成平台赋能、龙头企业引领、中小企业协同配套的生态圈，以云平台为支撑，提升企业核心竞争力。

（三）智能化发展水平

近年来，安徽省大力实施智能装备攻坚工程。开展共性技术攻关，发挥企业创新主体作用，利用产学研用协同创新能力，通过实施省科技重大专项、科技重点研发计划项目和首台套装备政策，攻克智能感知、高性能控制、精密加工、人机协作、精益管控、供应链协同等共性技术。加快智能装备推广应用，推动先进工艺、信息技术与制造装备深度融合，通过智能工厂和数字化车间建设，提升现有装备数字化水平，带动通用、专用智能装备迭代升级和应用推广。2023年，安徽省智能制造就绪率达到13.4%，近五年年均增长率达到11.4%，加快智能制造已成为安徽省提升企业数字化水平的关键。

（四）新模式新业态发展水平

2023年，安徽省经营管理数字化普及率达到78.2%，高于全国平均水平（76.2%）2.0个百分点，较上年水平（77.1%）提高了1.1个百分点，近三年年均增长率达到4.1%，逐步实现销售、财务、人力、办公等五个环节数字化全面覆盖。安徽省鼓励制造业品质品牌提升工程，打造一流产品、一流企业、一流产业，实现智能化产品生产的企业比例达到7.2%，较上年增长0.5个百分点。

近年来，安徽省工业企业依托工业互联网平台，变革传统设计方式，实现高水平高效率的轻量化设计、并行设计、敏捷设计、交互设计和基于模型的设计，提升研发质量和效率。2023年，安徽省实现平台化设计的企业比例达到13.3%，高于全国平均水平（12.6%）0.7个百分点，较上年增长1.3个百分点；实现智能化生产的企业比例为7.6%，较上年增长0.9个百分点；实现网络化协同的企业比例达到42.5%，高于全国平均水平（42.1%）0.4个百分点，较上年增长0.6个百分点，近五年年均增长率达到3.8%。

四 安徽省制造业数字化转型发展模式经验总结

安徽省持续推动制造业强省战略，积极贯彻落实制造业"提质扩量增效"行动计划，着重于产品的高端化升级、技术的快速转化、设备的更新改造以及产业的绿色发展，加速推进传统制造业向更高端转型升级。

（一）坚持"引导+扶持"，有效投入稳步增长

构建"1441"工作体系。以"一个主线、四个聚焦、四个改造方向、一项行动方案"为主线，推动制造业提质扩量增效。其中，"一个主线"是指以推动制造业提质扩量增效为主线；"四个聚焦"是指聚焦产业基础再造，产业链补短板，传统产业数字化、网络化、智能化、绿色化改造提升等方向；"四个改造方向"是指数字化、网络化、智能化、绿色化，加快传统制造企业技术升级、工艺更新、设备换代。

明确改造方向。围绕有色、机械、食品等传统行业和节能环保

等关键领域,安徽省编制《制造业数字化网络化智能化绿色化改造指导目录》,引导民间投资投向"四化"。坚持示范引领、点面结合、系统推进,推动规模以上工业企业技术改造全覆盖。

统筹资金支持。安徽省聚焦制造业提质扩量增效"4116"行动计划,统筹制造强省、工业互联网等支持政策,集中有限资金办大事,重点支持企业"四化"改造,极大地缓解了企业在转型过程中的资金压力。

(二)坚持"科创+产业",协同创新系统推进

创建国家级制造业创新中心。安徽省创建了两个国家级制造业创新中心,专注于智能语音和玻璃新材料领域,提供前沿技术研发的平台,促进产学研用的深度协同。此外,上线了羚羊工业互联网平台的"科创板块",积极引导服务商入驻,为企业提供数字化转型所需的各类服务。

采用"揭榜挂帅"机制。为了弥补制造业的技术短板,安徽省实施了"揭榜挂帅"机制,鼓励产学研用各方共同攻关,针对关键技术和产品进行研发,以打破国外垄断,提升国产技术的竞争力。

整合"三首一保"政策。安徽省整合了"三首一保"政策,即首台套、首版次、首试制和保障措施,有效地推动了创新成果的转化,实现了一批"三首"产品的本土化替代,从而提升了我国制造业的核心竞争力。

(三)坚持"集约+循环",绿色制造深入推进

推动节能增效。针对小煤矿,安徽省关闭了30万吨及以下的

小煤矿，这一举措不仅提高了煤矿行业的安全生产水平，也为节能减排作出了贡献。此外，安徽省积极引导企业实施绿色化改造，推动锅炉清洁能源替代，减少原煤使用量，从源头上减少了污染的产生。

发展壮大绿色产业。安徽省实施了节能环保"五个一百"提升行动，该行动旨在通过一系列政策和措施，促进节能环保产业的快速发展。结果显示，单位工业增加值能耗下降了41.3%，节能环保产业年均增长约20%，产值年均增长17.2%[①]，这些数据表明，安徽省能耗降低成效显著，同时绿色产业不断壮大。

参考文献

师丽娟、马冬妍、高欣东：《企业数字化转型路径分析与现状评估——以某区工业企业数字化转型为例》，《制造业自动化》2020年第7期。

安徽阜阳：《创新链产业链深度融合助力制造业高质量发展》，《中国经济周刊》2023年第22期。

孟静：《数字经济赋能安徽省制造业转型升级的对策研究》，《江苏商论》2023年第11期。

胡敬良：《中国电信安徽公司切实加强工业互联网建设助推安徽制造业数字化转型取得新成效》，《决策》2023年第10期。

本刊编辑部：《科技创新赋能安徽制造业高质量发展》，《安徽科技》2022年第10期。

---

① 数据来源：《安徽制造业总量和质量迈入全国第一方阵》，《安徽日报》2022年8月18日。

B.14 以"智改数转网联"助力无锡新型工业化发展

——供给提质项目扩量服务增效

张磊 王庆瑜 王琦 王丹 付宇涵*

摘 要： 近年来，无锡认真贯彻落实江苏省委、省政府决策部署，充分发挥"智改数转网联"对推进新型工业化、形成新质生产力的强大支撑作用，以政策工具为纽带，牵引企业端与供给端"两端发力"，全力推动产业数字化转型。2023年，全市两化融合发展水平、智能制造发展指数均位居全省前列，新增全球"灯塔工厂"1家、国家级工业互联网"双跨"平台1个，智能制造标杆数量创历年最多，"智改数转网联"工作持续走深向实。无锡推进新型工业化发展的重点举措是基础设施的构建与优化、企业转型与服务支持、数字化转型的实际应用、政策与市场协同发力。

关键词： 智改数转网联 两化融合 新型工业化 无锡

---

* 张磊，国家工业信息安全发展研究中心信息化所工程师，从事两化融合、数字化转型相关领域研究；王庆瑜，国家工业信息安全发展研究中心信息化所工程师，从事两化融合、数字化转型等相关领域研究；王琦，国家工业信息安全发展研究中心信息化所助理工程师，从事两化融合、数字化转型相关领域研究；王丹，国家工业信息安全发展研究中心信息化所工程师，从事两化融合、数字化转型相关领域研究；付宇涵，国家工业信息安全发展研究中心信息化所产业研究部主任，高级工程师，从事两化融合、工业互联网、数字化转型等相关领域研究。

一　无锡推动新型工业化发展的重点举措

无锡高度重视"智改数转网联"重点工作,加快传统产业数字化转型升级,提升传统优势产业和支柱产业,促进产业聚集发展,构建现代化产业体系。

（一）无锡推进新型工业化发展的规划/计划

2023年6月,无锡市人民政府办公室发布《无锡市关于加快特色产业园区建设的实施意见》,提出要加快特色产业园区建设,引导园区走专业化、特色化、集群化发展道路,以高质量产业空间保障重点产业集群发展,加快构建"465"现代化产业体系。

2023年2月,无锡市人民政府发布《无锡市软件产业集群发展三年行动计划（2023—2025年）》,提出要更大力度推进软件产业化、规模化应用,更高水平提升关键软件技术创新和供给能力,更强合力对接联动"一带一路"、长三角和粤港澳大湾区,更实举措打造具有国际影响力的地标产业集群,提质升级中国软件名城,护航"数字无锡"和"智造强市"高质量发展。

2021年12月,无锡市工业和信息化局发布《无锡国家传感网创新示范区发展规划纲要（2021—2025年）》,提出高水平建设无锡国家传感网创新示范区,推进全市物联网产业高质量发展,持续打响"物联之都"品牌,带动和支撑引领我国物联网产业健康、可持续发展。

2021年12月,无锡市工业和信息化局发布《无锡市"十四五"制造业高质量发展规划》，提出坚定不移实施创新驱动核心战略和产业强市主导战略，打好产业基础高级化、产业链现代化攻坚战，打造现代产业新高地，在率先建设经济体系更具国际竞争力的现代化上走在最前列。

2021年10月，无锡市工业和信息化局发布《无锡市"十四五"车联网产业规划》，提出促进车联网产业高速发展，推动交通、汽车等传统产业转型升级，建设形成产业融合创新发展高地。

2021年6月，无锡市工业和信息化局发布《无锡市"十四五"软件和信息技术服务业发展规划》，深入贯彻落实无锡市委、市政府提出的创新驱动核心战略、产业强市主导战略，加快数字经济、枢纽经济、总部经济和智能化、绿色化、服务化、高端化的发展战略部署，着力构建自主安全可控的新一代信息技术产业体系，努力提升无锡市"智慧无锡"和"智造强市"建设水平，促进软件产业高质量发展。

2021年5月，无锡市工业和信息化局发布《实施"十百千万"工程推进企业智能化改造数字化转型三年行动计划（2021—2023年）》，加快全市企业智能化改造、数字化转型步伐，加强市县区联动，确保实现"十四五"末全市规模以上制造业企业数字化全覆盖、重点骨干企业基本实现数字化转型的目标，以更扎实的举措推动制造业数字化转型走在全省前列。

2021年3月，无锡市工业和信息化局发布《无锡市工业互联网和智能制造发展2021年工作要点》，聚力打好产业基础高级化和产业链现代化攻坚战，加快推动新一代信息技术与制造业深度融合。

（二）无锡推进新型工业化发展的重点工作

强化数字化转型供给端能力建设，构筑让企业"愿转敢转会转"的牢固基石。一是建设数字化转型能力中心。围绕重点产业集群和产业链，以产业链整体转型为目标，采用1个牵头单位加N个协同单位的"1+N"联合体模式，试点建设6个制造业中小企业数字化转型能力中心，其中综合型2个、行业型4个，2023年共计服务804家次制造企业实施智能化改造。二是培育重点服务机构。滚动培育10个工业互联网平台和20家软硬件服务商，列入年度工作要点进行重点推介，2023年新增省级智能制造领军服务机构9家，累计33家，数量跃升全省第二。三是完善网联基础设施。累计建成5G基站突破2.5万个，每万人拥有基站数达到33.8个，5G网络基本实现全覆盖。统筹推进算力基础设施合理布局，发布应用政策，打造"算力洼地"，规模数据中心达到16个。

以场景应用为关键目标，细化标杆示范点，推动企业"看样学样"，加快转型步伐。一是场景化创树智能制造标杆。建立市级智能工厂、智能车间、智能场景标杆样板体系，凡是申报智能工厂及车间的企业，必须提供2个以上的生产环节智能场景作为支撑。每年分行业优选100个场景汇编成册宣传推广。2023年，全市14个项目入选国家级智能制造优秀场景，数量全省最多。二是持续推进智能化重大项目建设。跟踪服务100个智能化重点项目，实现投资超过260亿元。以重大项目为依托，推动智能工厂建设，新增省级智能工厂14家，全球"灯塔工厂"累计达到3家。三是以网联提升项目量质。推进企业上云上平台，新增省星级上云企业1098

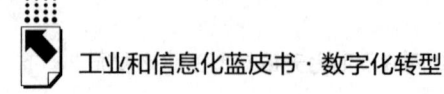

家，首次实现全年超千家。红豆男装、派克新材先后入选国家级工业互联网试点示范5G工厂项目。

发挥政策工具对企业和服务商的引导作用，推动供需深度合作。一是加力实施企业诊断。在实施3000家企业数字化免费诊断的基础上，再组织软硬件服务商，联合对100家企业实施"升级版"深度诊断，进一步挖掘改造潜力。紧盯改造需求转化，年度安排200个轻量化智能化项目跟踪推进，带动新增省级智能车间85个，数量较上年增长1/4。二是拓展智能制造标准应用。持续开展两化融合管理体系、智能制造能力成熟度等国家标准宣讲，组织企业对标提升，6家企业通过智能制造能力成熟度四级评定，数量在全省最多；江苏阳光集团"个性化定制服装智能工厂标准应用试点"入选国家智能制造标准应用试点项目。海澜、红豆、阳光等3家头部服装企业全部开展个性化定制服务，引领行业生产方式焕新。三是做深产业链供需对接。服务重点产业链，市级带头深入特色园区开展10场"十园千企"制造业数字化赋能惠企行活动，现场合作签约23项。全年举办各类数字化推进活动超过150场，服务企业超过5000家次。①

二 无锡推进新型工业化发展的工作成效

（一）整体发展现状

2023年是深入贯彻落实智能化改造和数字化转型三年行动计

---

① 数据来源：无锡市工业和信息化局官网。

划的关键之年，是构建现代化产业体系和实现制造业质量发展的重要阶段，两化深度融合面临新的机遇和挑战，无锡市以推进信息化和工业化深度融合为主线，以智能制造为主攻方向，以工业互联网创新发展为突破，以改革创新为根本动力，加快信息基础设施升级、工业互联网融合创新、数字产业培育壮大，努力实现制造大市向制造强市的全面跨越，持续提升制造业数字化、网络化、智能化水平，助力经济高质量发展。

从全省范围发展情况来看，2023年无锡市两化融合发展水平为73.2，较全省平均水平（67.9）高出7.8%，位居全省前列[①]。无锡市全力构建以"四大地标产业+六大优势产业+五大未来产业"为主体的先进制造业产业体系，着力提高产业基础高级化、产业链现代化水平，为无锡两化深度融合发展提供了有力支撑和重要保障。

从不同年度发展情况来看，无锡市两化融合发展水平延续了增长态势，2023年发展水平较2022年增长1.4%，较2020年增长14.7%，整体向更深层次、更高阶段演进，具体如图1所示。"十四五"期间，无锡市积极推进两化融合重点任务，制定了一系列促进制造业高速转型发展的政策，推进研发设计协同化、企业生产管控集成互联、产品装备智能化、智能制造发展、购销经营平台化、制造服务网络化、技术支撑自主化，助力无锡市两化融合发展水平连续保持稳定增长，平均增速为4.9%。

---

① 资料来源于两化融合公共服务平台。

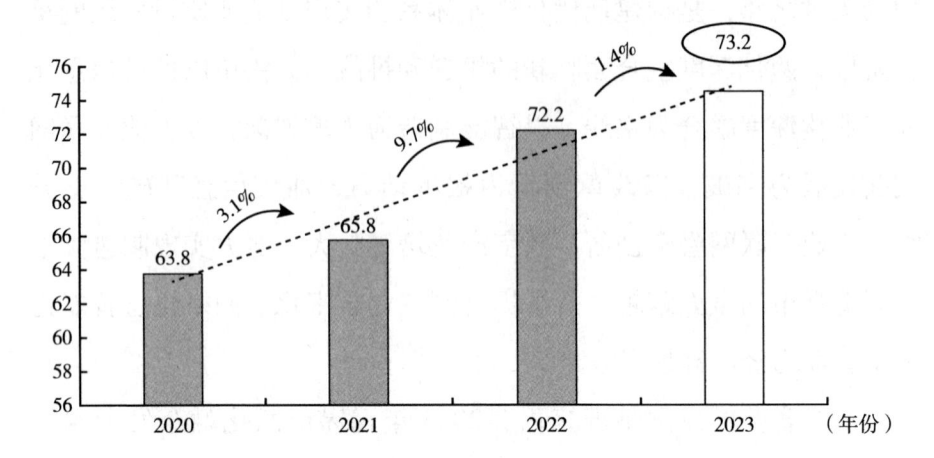

图1 2020~2023年无锡市两化融合发展水平

资料来源：基于两化融合公共服务平台数据测算。

（二）不同规模企业融合发展现状

"十四五"期间，在国内国际双循环相互促进的新发展格局的大背景下，无锡市不断优化营商环境，持续加大企业扶持力度，企业规模迅速发展壮大，2022年，无锡在关键领域打造能够提升区域产业链供应链稳定性和竞争力的企业群。全市规上工业企业数超过7700家，较上年底净增700多家，新增国家级专精特新"小巨人"企业56家，数量排名全省第三，是上年的2.5倍，累计达88家。与此同时，无锡市充分发挥标杆示范以及龙头企业带动效应，积极引导包括专精特新企业和制造业单项冠军在内的中小企业加快转型。

从全省范围发展情况来看，无锡市大型企业、中型企业、小型企业两化融合发展水平分别为74.9、71.0、69.3。无锡市大型企业融合发展的引领示范作用突出，两化融合发展水平远超全市平均水平。无锡市大型企业两化融合发展水平分别高于中型、小型企业5.5%、8.1%，中、小型企业融合发展水平与大型企业相比还存在较大差距（见图2）。

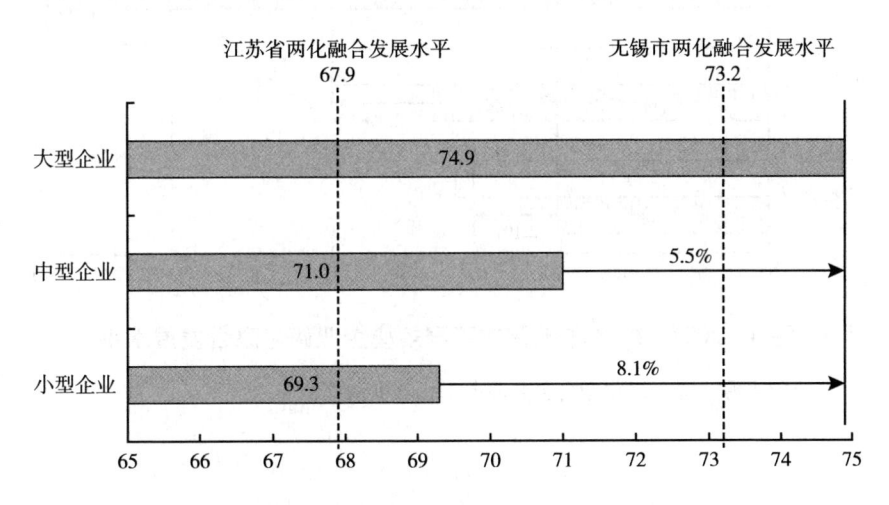

图2　2023年无锡市不同规模企业两化融合发展水平

资料来源：基于两化融合公共服务平台数据测算。

从不同年度发展情况来看，2022~2023年，无锡市大、中、小型企业两化融合发展水平增长了1.1%、2.0%、2.1%（见图3）。无锡市中、小型企业增速较快，融合发展势头强劲。

三　无锡推进新型工业化发展的经验总结

无锡在推进新型工业化的过程中，采取了一系列重要措施和策略，以促进其产业的高质量发展。以下是无锡市在新型工业化方面的一些主要经验和做法。

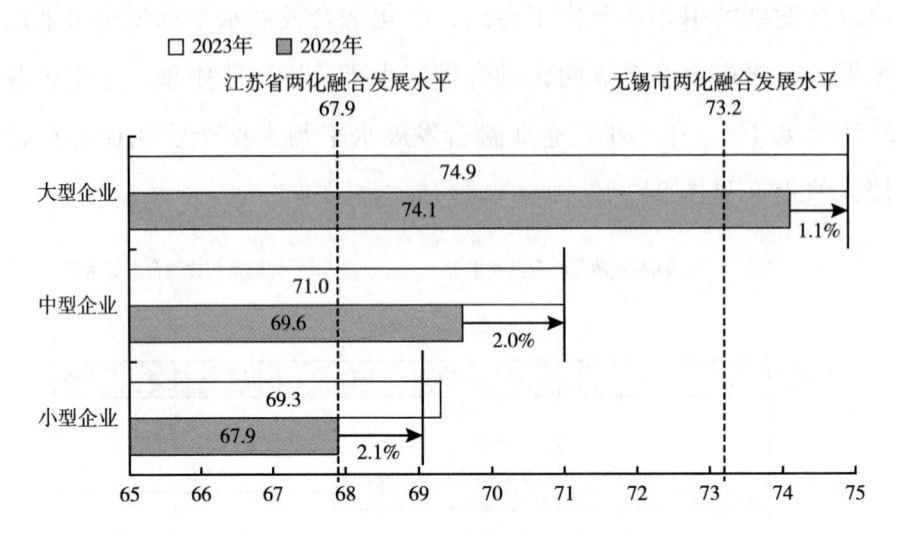

图 3　2022~2023 年无锡市不同规模企业两化融合发展水平

资料来源：基于两化融合公共服务平台数据测算。

（一）基础设施的构建与优化

无锡致力于构建和优化数字基础设施，包括5G、千兆光网和移动物联网等，以支持制造业的数字化转型。在工业互联网平台建设方面取得了显著成效，创建了多个国家级和省级平台，推动了企业数字化、网络化和智能化的进程。

（二）企业转型与服务支持

无锡鼓励企业通过生产换线、人机协同和"上云用数赋智"等方式，打造智能工厂和智能车间，同时提供多元化的服务支持，包括资金、技术、用地、用能和人才等方面的支持，以促进企业的智能化改造。强调龙头企业的作用，通过其在资金、技术等方面的优势，推动产业链中下游企业的转型，特别是在供应链管理和生产计划方面的创新。

（三）数字化转型的实际应用

无锡通过实施"制造业智能化改造、数字化转型、绿色化提升三年行动"，加快了数字经济与实体经济的深度融合，促进了从"传统制造"向"先进智造"的跃迁。如维尚家居等企业通过开发虚拟家居平台和数字化供应链管理系统，实现了生产运营的数字化，提高了效率和响应速度。

（四）数字化转型的实际应用

无锡持续健全"共生共荣"的现代化产业体系、"自立自强"的科技创新体系、"数实融合"的数字赋能体系、"蓬勃发展"的企业成长体系、"完备有效"的工业治理体系，以此促进无锡特色的新型工业化发展。重点打造的"3010产业链"，旨在通过链主企业带动核心企业发展，为中小企业营造发展生态，促进全产业链在技术创新上的提升。

（五）政策与市场协同发力

无锡通过政府、企业和市场三方面的协同，推动智能制造的发展，包括智能制造标杆的创建、数字化诊断和绿色化诊断的实施等。积极布局未来产业，如合成生物、商业航天、人形机器人等，加快了未来产业的生根和发展，为城市竞争提供核心优势。

四 结束语

2023年,无锡市两化融合发展水平为73.2,持续位列全省前列,转型升级成效初显,质量效益明显提高。与此同时,全市也面临着资源环境约束压力加大,区域产业链条不健全、发展不平衡,知识价值及产业技术创新速度慢等风险。由此,无锡市立足现有优势,不断夯实企业生产、经营环节的数字化应用,发挥产业园区、龙头企业的带动示范作用,积极培育产业新模式新业态,补足高质量发展过程中的弱项短板,在工业振兴引领全面振兴的旅途中奋力向前。

参考文献

无锡市人民政府:《网联赋能,推动制造业"加数智变"》,2024年3月10日。

无锡市人民政府:《更多"眼见为实"的方案 推动企业"智改数转"》,2022年8月4日。

《江苏无锡:"智改数转网联"为制造业高质量发展提供新动能》,新华网,2024年3月4日。

《无锡市两化融合发展数据地图》,2023年10月。

附录一
我国制造业数字化转型相关政策梳理汇编

一 国家层面制造业数字化转型相关政策一览

表 1　国家层面制造业数字化转型相关政策颁布情况

发布日期	发文机构	文件名称
2023年10月	工信部等六部门	《算力基础设施高质量发展行动计划》
2023年6月	财政部、工信部	《关于开展中小企业数字化转型城市试点工作的通知》
2023年5月	工信部等十部门	《科技成果赋智中小企业专项行动（2023—2025年）》
2023年1月	工信部等十七部门	《"机器人+"应用行动实施方案》
2022年12月	中共中央、国务院	《中共中央　国务院关于构建数据基础制度更好发挥数据要素作用的意见》
2022年1月	工信部办公厅、国家发展改革委办公厅	《关于促进云网融合　加快中小城市信息基础设施建设的通知》
2022年1月	国务院	《"十四五"数字经济发展规划》
2021年12月	工信部办公厅	《制造业质量管理数字化实施指南（试行）》
2021年12月	中央网络安全和信息化委员会	《"十四五"国家信息化规划》
2021年12月	工信部、国家发展改革委等十五部门	《"十四五"机器人产业发展规划》

续表

发布日期	发文机构	文件名称
2021年12月	工信部、国家发展改革委等八部门	《"十四五"智能制造发展规划》
2021年11月	工信部、国家标准化管理委员会	《工业互联网综合标准化体系建设指南(2021版)》
2021年11月	工信部	《"十四五"信息化和工业化深度融合发展规划的通知》
2021年11月	工信部、国家标准化管理委员会	《国家智能制造标准体系建设指南(2021版)》
2021年11月	工信部	《"十四五"大数据产业发展规划》
2021年11月	工信部	《"十四五"工业绿色发展规划》
2021年11月	工信部	《"十四五"软件和信息技术服务业发展规划》
2021年9月	工信部	《物联网基础安全标准体系建设指南(2021版)》
2021年9月	工信部、中央网络安全和信息化委员会办公室等八部门	《物联网新型基础设施建设三年行动计划(2021—2023年)》
2021年7月	工信部、中央网络安全和信息化委员会办公室等十部门	《5G应用"扬帆"行动计划(2021—2023年)》
2021年7月	工信部	《新型数据中心发展三年行动计划(2021—2023年)》
2021年5月	国家发展和改革委员会	《全国一体化大数据中心协同创新体系算力枢纽实施方案》
2021年3月	工信部	《"双千兆"网络协同发展行动计划(2021—2023年)》
2021年3月	第十三届全国人民代表大会	《中华人民共和国国民经济和社会发展第十四个五年规划和2035年远景目标纲要》
2021年1月	财政部、工信部	《关于支持"专精特新"中小企业高质量发展的通知》
2021年1月	工信部	《工业互联网创新发展行动计划(2021—2023年)》
2020年12月	工信部	《工业互联网创新发展行动计划(2021—2023年)》
2020年12月	国家发展改革委、工信部等四部门	《关于加快构建全国一体化大数据中心协同创新体系的指导意见》

附录一 我国制造业数字化转型相关政策梳理汇编

续表

发布日期	发文机构	文件名称
2020年10月	工信部、应急管理部	《"工业互联网+安全生产"行动计划(2021—2023年)》
2020年8月	国务院国资委办公厅	《关于加快推进国有企业数字化转型工作的通知》
2020年6月	中央全面深化改革委员会第十四次会议	《关于深化新一代信息技术与制造业融合发展的指导意见》
2020年4月	工信部办公厅	《关于深入推进移动物联网全面发展的通知》
2020年4月	国家发展改革委、中央网信办	《关于推进"上云用数赋智"行动 培育新经济发展实施方案》
2020年3月	工信部	《关于推动5G加快发展的通知》
2020年3月	工信部	《2020年IPv6端到端贯通能力提升专项行动》
2020年3月	工信部办公厅	《中小企业数字化赋能专项行动方案》
2020年3月	工信部	《关于推动工业互联网加快发展的通知》
2020年2月	工信部	《关于做好宽带网络建设维护助力企业复工复产有关工作的通知》
2019年11月	工信部	《"5G+工业互联网"512工程推进方案》
2019年11月	国家发展改革委、工信部等十五部门	《关于推动先进制造业和现代服务业深度融合发展的实施意见》
2019年4月	工信部、国资委	《关于2019年推进电信基础设施共建共享的实施意见》
2019年4月	工信部、国资委	《关于开展深入推进宽带网络提速降费 支撑经济高质量发展2019专项行动的通知》
2019年4月	工信部	《关于开展2019年IPv6网络就绪专项行动的通知》
2019年1月	工信部、国家机关事务管理局、国家能源局	《关于加强绿色数据中心建设的指导意见》
2018年11月	工信部、国家发展改革委、财政部、国资委	《促进大中小企业融通发展三年行动计划》
2018年6月	工信部	《工业互联网发展行动计划(2018—2020年)》
2018年4月	工信部	《工业互联网App培育工程实施方案(2018—2020年)》

续表

发布日期	发文机构	文件名称
2017年11月	国务院	《国务院关于深化"互联网+先进制造业"发展工业互联网的指导意见》
2017年11月	中共中央办公厅、国务院办公厅	《推进互联网协议第六版(IPv6)规模部署行动计划》
2017年8月	工信部	《工业电子商务发展三年行动计划》
2017年7月	国务院	《新一代人工智能发展规划》
2017年7月	工信部、国务院国有资产监督管理委员会、国家标准化管理委员会	《关于深入推进信息化和工业化融合管理体系的指导意见》
2017年6月	工信部办公厅	《关于全面推进移动物联网(NB-IoT)建设发展的通知》
2017年4月	科技部	《"十三五"先进制造技术领域科技创新专项规划》
2016年12月	国家发展改革委、工信部	《信息基础设施重大工程建设三年行动方案》
2016年12月	国务院	《"十三五"国家信息化规划》
2016年12月	工信部	《软件和信息技术服务业发展规划(2016—2020年)》
2016年12月	工信部	《大数据产业发展规划(2016—2020年)》
2016年12月	工信部、财政部	《智能制造发展规划(2016—2020年)》
2016年11月	国务院	《"十三五"国家战略性新兴产业发展规划》
2016年11月	工信部	《信息化和工业化融合发展规划(2016—2020年)》
2016年8月	国务院	《"十三五"国家科技创新规划》
2016年7月	中共中央办公厅、国务院办公厅	《国家信息化发展战略纲要》
2016年5月	国务院	《国务院关于深化制造业与互联网融合发展的指导意见》
2016年4月	工信部、国家发展改革委、财政部	《机器人产业发展规划(2016—2020年)》
2015年7月	国务院	《国务院关于积极推进"互联网+"行动的指导意见》

续表

发布日期	发文机构	文件名称
2015年5月	国务院办公厅	《加快高速宽带网络建设推进网络提速降费的指导意见》
2013年8月	工信部	《信息化和工业化深度融合专项行动计划(2013—2018年)》
2013年8月	国务院	《"宽带中国"战略及实施方案》
2013年2月	国务院	《关于推进物联网有序健康发展的指导意见》
2011年12月	国务院	《工业转型升级规划(2011—2015年)》
2011年3月	工信部、科技部、财政部、商务部、国资委	《关于加快推进信息化与工业化深度融合的若干意见》

二 部分省市制造业数字化转型相关政策一览

(一)北京市制造业数字化转型相关政策颁布情况

表2 北京市制造业数字化转型相关政策一览

发布日期	发文机构	文件名称
2023年6月	中共北京市委北京市人民政府	《关于更好发挥数据要素作用进一步加快发展数字经济的实施意见》
2023年6月	北京市经济和信息化局	《关于实施十大强企行动激发专精特新企业活力的若干措施》
2023年2月	北京市发展和改革委员会等十一部门	《关于北京市推动先进制造业和现代服务业深度融合发展的实施意见》
2021年12月	北京市经济和信息化局	《北京工业互联网发展行动计划(2021—2023年)》

续表

发布日期	发文机构	文件名称
2021年12月	北京市经济和信息化局	《北京市关于促进"专精特新"中小企业高质量发展的若干措施》
2021年8月	北京市经济和信息化局	《北京市"新智造100"工程实施方案(2021—2025年)》
2021年4月	北京市经济和信息化局	《北京市数据中心统筹发展实施方案(2021—2023年)》
2018年11月	北京制造业创新发展领导小组	《北京工业互联网发展行动计划(2018—2020年)》
2017年8月	北京制造业创新发展领导小组	《北京市推进两化深度融合推动制造业与互联网融合发展行动计划》
2017年5月	北京市经济和信息化委员会	《"智造100"工程实施方案》

(二)天津市制造业数字化转型相关政策颁布情况

表3 天津市制造业数字化转型相关政策一览

发布日期	发文机构	文件名称
2021年12月	天津市工信局	《天津市制造业数字化转型三年行动方案(2021—2023年)》
2021年8月	天津市人民政府	《天津市加快数字化发展三年行动方案(2021—2023年)》
2021年5月	天津市工信局	《天津市产业链高质量发展三年行动方案(2021—2023年)》
2021年3月	天津市工信局	《推动工业互联网创新发展实施"智汇天津"三年行动计划(2021—2023年)》
2018年9月	天津市工信局	《关于印发天津市工业互联网发展行动计划(2018—2020年)的通知》
2018年4月	天津市人民政府	《天津市人民政府关于深化"互联网+先进制造业"发展工业互联网的实施意见》

（三）上海市制造业数字化转型相关政策颁布情况

表4　上海市制造业数字化转型相关政策一览

发布日期	发文机构	文件名称
2023年6月	上海市人民政府办公厅	《上海市推动制造业高质量发展三年行动计划（2023—2025年）》
2022年3月	上海市人民政府办公厅	《上海城市数字化转型标准化建设实施方案》
2021年12月	上海市人民政府办公厅	《推进治理数字化转型实现高效能治理行动方案》
2021年12月	上海市经济和信息化委员会	《上海市人工智能产业发展"十四五"规划》
2021年9月	上海市国有资产监督管理委员会	《关于推进本市国资国企数字化转型的实施意见》
2021年7月	上海市人民政府办公厅	《上海市先进制造业发展"十四五"规划》
2021年6月	上海市人民政府办公厅	《上海市战略性新兴产业和先导产业发展"十四五"规划》
2020年9月	上海市经济和信息化委员会	《上海市建设100+智能工厂专项行动方案（2020—2022年）》
2019年7月	上海市经济和信息化委员会	《上海市智能制造行动计划（2019—2021年）》
2018年6月	上海市人民政府	《推动工业互联网创新升级 实施"工赋上海"三年行动计划（2020—2022年）》
2017年1月	上海市人民政府	《上海市工业互联网创新发展应用三年行动计划（2017—2019年）》
2017年1月	上海市人民政府	《关于本市加快制造业与互联网融合创新发展的实施意见》

（四）江苏省制造业数字化转型相关政策颁布情况

表5 江苏省制造业数字化转型相关政策一览

发布日期	发文机构	文件名称
2023年3月	江苏省政府办公厅	《江苏省专精特新企业培育三年行动计划（2023—2025年）》
2022年2月	中共江苏省委办公厅	《关于全面提升江苏数字经济发展水平的指导意见》
2021年12月	江苏省政府办公厅	《江苏省制造业智能化改造和数字化转型三年行动计划（2022—2024年）》
2021年8月	江苏省政府办公厅	《江苏省"十四五"制造业高质量发展规划的通知》
2021年8月	江苏省政府办公厅	《江苏省"十四五"数字经济发展规划》
2020年12月	江苏省人民政府办公厅	《江苏省"产业强链"三年行动计划（2021—2023年）》
2020年11月	江苏省工信厅	《江苏省加快推进工业互联网创新发展三年行动计划（2021—2023年）》
2020年5月	江苏省工信厅	《江苏工业互联网平台"强链拓市"专项行动方案》
2018年7月	江苏省经济和信息化委员会	《关于组织实施江苏省工业互联网创新发展"365"工程的通知》
2018年6月	江苏省经济和信息化委员会	《江苏省智能制造示范工厂建设三年行动计划（2018—2020年）》

（五）浙江省制造业数字化转型相关政策颁布情况

表6 浙江省制造业数字化转型相关政策一览

发布日期	发文机构	文件名称
2021年7月	浙江省人民政府	《浙江省全球先进制造业基地建设"十四五"规划》
2021年6月	浙江省人民政府	《浙江省数字经济发展"十四五"规划》
2021年6月	浙江省经信厅	《浙江省数字基础设施发展"十四五"规划》
2021年3月	中共浙江省委全面深化改革委员会	《浙江省数字化改革总体方案》

续表

发布日期	发文机构	文件名称
2020年11月	浙江省人民政府	《浙江省数字赋能促进新业态新模式发展行动计划(2020—2022年)》
2020年3月	浙江省人民政府	《以新发展理念引领制造业高质量发展的若干意见》
2018年8月	浙江省人民政府	《加快发展工业互联网促进制造业高质量发展的实施意见》
2017年3月	浙江省人民政府	《深化制造业与互联网融合发展的实施意见》

（六）安徽省制造业数字化转型相关政策颁布情况

表7　安徽省制造业数字化转型相关政策一览

发布日期	发文机构	文件名称
2022年3月	安徽省经济和信息化厅	《安徽省"十四五"软件和信息服务业发展规划》
2021年9月	安徽省人民政府办公厅	《安徽省工业互联网创新发展行动计划（2021—2023年）》
2020年7月	安徽省加快5G发展专项协调小组	《加快推进5G场景应用行动计划(2020—2022年)》
2018年4月	安徽省人民政府	《安徽省人民政府关于深化"互联网+先进制造业"发展工业互联网的实施意见》
2017年3月	安徽省人民政府	《安徽省智能制造工程实施方案(2017—2020年)》
2017年1月	安徽省人民政府	《安徽省人民政府关于深化制造业与互联网融合发展的实施意见》

（七）广东省制造业数字化转型相关政策颁布情况

表8　广东省制造业数字化转型相关政策一览

发布日期	发文机构	文件名称
2022年2月	广东省工信厅	《广东省智能制造生态合作伙伴行动计划(2022年)》

续表

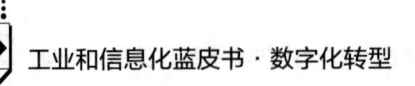

发布日期	发文机构	文件名称
2021年7月	广东省人民代表大会常务委员会	《广东省数字经济促进条例》
2021年6月	广东省人民政府	《广东省制造业数字化转型实施方案（2021—2025年）》
2021年5月	广东省工信厅、广东省科学技术厅、广东省通信管理局	《广东省工业互联网示范区建设实施方案》
2021年4月	广东省人民政府	《广东省人民政府关于加快数字化发展的意见》
2020年6月	广东省工信厅	《广东省5G基站和数据中心总体布局规划（2021—2025年）》
2018年8月	广东省人民政府	《广东加快发展工业互联网的若干扶持政策（2018—2020年）》
2018年3月	广东省人民政府	《广东省深化"互联网+先进制造业"发展工业互联网的实施方案》
2018年3月	广东省人民政府	《广东省支持企业"上云上平台"加快发展工业互联网的若干扶持政（2018—2020年）》
2016年3月	广东省人民政府	《广东省人民政府关于深化制造业与互联网融合发展的实施意见》

（八）重庆市制造业数字化转型相关政策颁布情况

表9　重庆市制造业数字化转型相关政策一览

发布日期	发文机构	文件名称
2022年3月	重庆市人民政府	《重庆市战略性新兴产业发展"十四五"规划（2021—2025年）》
2021年12月	重庆市人民政府	《重庆市数据治理"十四五"规划（2021—2025年）》
2021年11月	重庆市经济信息委等十二个部门	《重庆市5G应用"扬帆"行动计划（2021—2023年）》
2021年11月	重庆市人民政府	《重庆市数字经济"十四五"发展规划（2021—2025年）》

续表

发布日期	发文机构	文件名称
2021年8月	重庆市人民政府	《重庆市工业互联网创新发展行动计划（2021—2023年）》
2019年7月	重庆市人民政府办公厅	《重庆市人民政府办公厅关于加快发展工业互联网平台企业赋能制造业转型升级的指导意见》
2018年9月	重庆市人民政府办公厅	《重庆市推进工业互联网发展若干政策》
2018年5月	重庆市人民政府	《重庆市深化"互联网+先进制造业"发展工业互联网实施方案》
2016年11月	重庆市人民政府	《关于印发重庆市制造业与互联网融合创新实施方案的通知》

（九）四川省制造业数字化转型相关政策颁布情况

表10　四川省制造业数字化转型相关政策一览

发布日期	发文机构	文件名称
2021年12月	四川省推进数字经济发展领导小组办公室	《四川省加快发展工业互联网推动制造业数字化转型行动计划（2021—2023年）》
2021年5月	四川省发展和改革委员会	《四川省数字化转型促进中心建设实施方案》
2019年8月	四川省人民政府	《四川省人民政府关于深化"互联网+先进制造业"发展工业互联网的实施意见》
2017年6月	四川省人民政府	《四川省深化制造业与互联网融合发展实施方案》

（十）贵州省制造业数字化转型相关政策颁布情况

表11　贵州省制造业数字化转型相关政策一览

发布日期	发文机构	文件名称
2022年4月	贵州省工信厅等五部门	《支持工业领域数字化转型的若干政策措施》

续表

发布日期	发文机构	文件名称
2022年2月	贵州省大数据局	《贵州省大数据战略行动2022年工作要点》
2021年12月	贵州省大数据发展领导小组办公室	《贵州省"十四五"数字经济发展规划》
2021年5月	贵州省工信厅、贵州省财政厅	《贵州省中小企业"专精特新"培育实施方案》
2021年4月	贵州省大数据发展领导小组	《贵州省大数据战略行动2021年工作要点》
2018年8月	贵州省人民政府	《省人民政府关于印发贵州省推动大数据与工业深度融合发展工业互联网实施方案的通知》
2016年3月	贵州省人大	《贵州省大数据发展应用促进条例》

附录二
国外制造业数字化转型相关政策梳理汇编

一 美国制造业数字化转型相关政策颁布情况

表1 美国制造业数字化转型相关政策一览

发布日期	发文机构	文件名称
2023年11月	美国国防部	《2024年国防工业战略》草案
2023年10月	美国白宫	《关于安全、稳定、可信的人工智能行政令》
2023年5月	美国白宫	《国家人工智能研发战略计划》
2023年3月	美国白宫	《国家网络安全战略》
2022年11月	美国白宫	《基础设施投资和就业法案》
2022年10月	美国白宫	《国家先进制造业战略》
2021年7月	美国参议院	《美国创新与竞争法案》
2021年5月	美国参议院	《2021年创新与竞争法案》
2020年10月	美国商务部	《关键与新兴技术国家战略》
2020年9月	美国计算机社区联盟	《机器人路线图：从互联网到机器人》
2020年3月	美国白宫	《5G安全国家战略》
2020年2月	白宫科技政策办公室	《美国人工智能行动：第一年度报告》
2019年12月	白宫行政管理和预算办公室	《联邦数据战略与2020年行动计划》
2019年11月	美国国会研究服务处	《国家人工智能战略》

续表

发布日期	发文机构	文件名称
2018年10月	美国国家科学技术委员会	《美国先进制造业领导力战略》
2017年12月	美国国会	《人工智能未来法案》
2017年1月	美国国家科学基金会联合美国国防部等政府机构	《国家机器人技术研究计划2.0》
2016年12月	美国国家科学院、工程院、医学院	《21世纪CPS教育》
2016年10月	白宫科技政策办公室	《国家人工智能研发战略规划》
2016年10月	白宫科技政策办公室	《为未来人工智能做好准备》
2016年8月	美国国家科学基金会	《美国机器人技术路线图（2016版）》
2016年5月	总统行政办公室、国家科技委员会	《联邦大数据研发战略计划》
2016年5月	美国商务部	《信息物理系统框架》
2016年5月	美国商务部	《数字经济议程2016》
2016年2月	美国商务部、总统行政办公室、国家科学技术委员会、先进制造国家项目办公室	《国家制造创新网络计划战略计划》
2016年2月	美国商务部	《智能制造系统现行标准体系》
2015年11月	美国商务部	《数字经济议程2015》
2014年10月	美国总统科技顾问委员会	《加速美国先进制造业》(AMP2.0)
2013年3月	美国国家科学基金会	《美国机器人技术路线图（2013版）》
2013年1月	美国总统行政办公室	《国家制造创新网络的初步设计》
2012年3月	白宫科技政策办公室	《大数据研究和发展倡议》
2012年2月	美国国家科学技术委员会	《美国先进制造业国家战略计划》
2011年6月	美国总统科技顾问委员会	《先进制造业伙伴关系计划》(AMP1.0)
2011年6月	国家科学基金会、国家航空航天局、农业部、国家卫生研究院	《国家机器人技术研究计划》

续表

发布日期	发文机构	文件名称
2011年6月	美国总统科技顾问委员会	《确保美国先进制造业的领先地位》
2010年12月	美国总统科技顾问委员会	《数字未来设计》
2009年12月	美国总统行政办公室	《重振美国制造业框架》
2009年5月	美国国家科学基金会	《美国机器人技术路线图》
2008年3月	CPS研究指导小组	《信息物理系统概要》
1999年1月	美国商务部	《新兴数字经济(二)》
1998年7月	美国商务部	《新兴数字经济(一)》
20世纪90年代	美国能源部	《"实施敏捷制造的技术"五年计划(1994-1999年)》

二 德国制造业数字化转型相关政策颁布情况

表2 德国制造业数字化转型相关政策一览

发布日期	发文机构	文件名称
2023年8月	德国联邦内阁	《国家数据战略》
2020年10月	德国工业4.0标准委员会、工业4.0平台、日本RRI	《德国—日本工业4.0和工业物联网共同战略》
2020年1月	联邦经济和能源部	《数字化转型策略》
2019年11月	联邦经济和能源部	《国家工业战略2030》
2019年4月	联邦经济和能源部	《德国2030年工业4.0愿景》
2018年9月	联邦教育和研究部	《高技术战略2025》
2016年3月	联邦经济事务和能源部	《数字化战略2025》
2015年4月	工业4.0平台	《德国工业4.0实施战略报告》
2014年9月	联邦教育和研究部	《高科技战略3.0》

续表

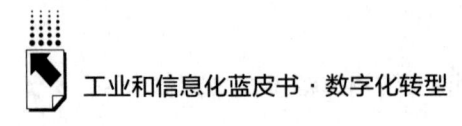

发布日期	发文机构	文件名称
2014年8月	联邦经济事务和能源部、内政部	《数字议程(2014—2017年)》
2013年12月	德国电气电子和信息技术协会	《德国工业4.0标准化路线图》
2013年4月	联邦教育和研究部	《确保德国制造业的未来:关于实施工业4.0战略的建议》
2010年7月	联邦教育和研究部	《高技术战略2020》

三 欧盟制造业数字化转型相关政策颁布情况

表3 欧盟制造业数字化转型相关政策一览

发布日期	发文机构	文件名称
2023年12月	欧盟委员会	《人工智能法案》
2023年8月	欧盟委员会	《数字服务法》
2023年7月	欧盟委员会	《Web4.0和虚拟世界倡议》
2022年11月	欧盟委员会	《数字市场法》
2022年2月	欧盟委员会	《数据法案》
2021年3月	欧盟委员会	《2030数字罗盘:欧洲数字十年之路》
2021年1月	欧盟委员会	《工业5.0:迈向可持续,以人为本和弹性的欧洲产业》
2020年11月	欧盟委员会	《数据治理法案》
2020年3月	欧盟委员会	《欧洲新工业战略》
2020年3月	欧盟委员会	《面向可持续和数字化欧洲的中小企业战略》
2020年3月	欧盟、微软、IBM	《人工智能伦理罗马宣言》
2020年3月	欧盟委员会	《为欧洲的企业和消费者提供服务的单一市场》
2020年3月	欧盟委员会	《识别和解决单一市场障碍》
2020年2月	欧盟委员会	《人工智能白皮书——通往卓越和信任的欧洲路径》
2020年2月	欧盟委员会	《欧洲数据战略》
2019年4月	欧洲议会	《数字欧洲计划》

续表

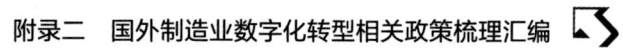

发布日期	发文机构	文件名称
2018 年 4 月	欧盟委员会	《欧盟人工智能战略》
2016 年 10 月	欧盟委员会	《欧洲新技能议程》
2016 年 4 月	欧盟委员会	《产业数字化新规划》
2016 年 4 月	欧盟委员会	《欧洲工业数字化战略》
2016 年 4 月	欧盟委员会	《通用数据保护通用条例》
2015 年 5 月	欧盟委员会	《单一数字市场战略》
2010 年 5 月	欧盟委员会	《欧洲数字议程》
2010 年 3 月	欧盟委员会	《欧盟 2020 战略》

Abstract

Promoting new industrialization is an important strategic deployment based on the new development stage and grasping the global trend of the new industrial revolution. It is also an important policy orientation established from the perspective of history and reality, providing fundamental guidance and indicating the development direction for China to promote new industrialization through digital transformation.

Currently, digital technologies represented by artificial intelligence have achieved disruptive, breakthrough, and leading breakthroughs, accelerating innovative allocation of production factors and deep transformation and upgrading of industries, profoundly changing production methods, lifestyles, and governance methods, and promoting human society to step into a new stage of development. As the main battlefield of new industrialization, the manufacturing industry should take the new generation of digital technology as the cornerstone to promote the digital transformation of the manufacturing industry and achieve high-quality development. On the basis of summarizing the practical experience and application effectiveness of digital transformation in China's manufacturing industry, the Digital Transformation Development Report (2023 - 2024) focuses on studying the comprehensive, global, and forward-looking issues of digital transformation in China's manufacturing

Abstract

industry, and provides feasible suggestions for the development of digital transformation in China's manufacturing industry.

This report mainly analyzes the overall development status and trends, technological development and application, platform construction and promotion, industry and regional practices, and exploration of key areas of digital transformation in China in recent years. It includes 6 parts and 16 articles. This report indicates that China's industrial digital transformation is in a rapid development stage, and the key to accelerating the construction of new industrialization and developing new productivity lies in digital transformation. Segmented industries such as medical devices, steel, high-end equipment, and coal chemical have formed differentiated development models based on their respective production characteristics. Jiangsu, Fujian, Ningxia, Anhui, and other provinces and cities have focused on key areas of development within the province, constructing complete transformation paths and methods, effectively promoting the comprehensive improvement of enterprise intelligence, digital transformation, networking, and other aspects, and providing ideas and direction references for other provinces and cities to promote industrial digital transformation and development.

This report is a representative and authoritative annual review research report on the development of digital transformation in China, which can be used as a reference for leaders, industry experts, researchers, and other leaders in the field of digital transformation in China.

Keywords: Digital Transformation; New Industrialization; Artifical Intelligence; Industrial Internet

Contents

I General Report

B.1 Digital Transformation Situation Monitoring and Analysis of Chinese Manufacturing Industry

Ma Dongyan, Tang Yinong, Fu Yuhan and Wang Qi / 001

Abstract: Accelerating the digital transformation of the manufacturing industry is an important policy orientation for promoting new industrialization in China, based on a new stage of development, grasping domestic and international development trends, and standing at a historical and practical height. Currently, the digital transformation of the manufacturing industry is continuously promoting the combination of data and traditional production factors, building an intelligent manufacturing system that combines information physical systems with digital technology, and further promoting the transformation of enterprises towards digitization, networking, and intelligence. Understanding the current situation is a prerequisite and foundation for scientific decision-making. Based on data from over 320000 enterprises on the integrated public service platform (www.cspiii.com), this article continuously tracks and monitors relevant indicators that characterize the level of digital infrastructure construction, networked interconnection, and intelligent production and operation of enterprises. It is found that the overall transformation and development of China's manufacturing industry is showing a "6−3−1" trend, with a relatively solid digital foundation and a steady progress in networked development, The level of intelligent readiness continues to improve. On this basis, development suggestions are proposed focusing on three aspects: the foundation of enterprise transformation, industrial characteristic scenarios, and cross-border integration capabilities.

Keywords: Digital Transformation; Manufacturing Industry; Digitization; Networking; Intelligence

Ⅱ Technology Report

B.2 Research on the Development Status and Feasible Paths of Artificial Intelligence Empowering New Industrialization

Wang Qingyu, Fu Yuhan, Wang Qi and Wang Dan / 013

Abstract: In recent years, Artificial intelligence (AI) technology innovation and application have developed rapidly and gradually become the commanding height of science and technology strategy that countries all over the world strive to seize. The United States, France, Canada and other major countries have rapidly emerged a number of unicorn companies in the field of AI. China has made active exploration and practice in the field of AI under the leadership of Internet leading enterprises, and has made remarkable progress and achievements. This paper takes the innovation and application of AI technology as the breakthrough point. And we sort out the current development status, main characteristics, and progress results of artificial intelligence. At the same time, we elaborate on the problems of empowering new industrialization with AI, such as technical capabilities, supporting foundations, application scenarios, and enterprise preparation. Based on those problems, we put forward feasible path suggestions for promoting the next step of empowering new industrialization with AI around the measures, such as cultivating the leading enterprises, consolidating the supporting foundation, expanding the application scenarios, and promoting the cross domain integration development, which providing reference for accelerating the innovative development and practical application of AI technology in China, and helping to promote new industrialization and high quality development of manufacturing industry.

Keywords: Artificial Intelligence (AI); Large model; New Industrialization

Ⅲ Platform Reports

B.3 Research on the Construction and Practice of Analysis Systen of Industrial Internet Platform

Monitoring and Analysis Research Group of

Industrial Internet Platform / 027

Abstract: At present, China's industrial Internet has entered a new stage of large-scale development, and the industrial Internet platform system has basically taken shape. With the continuous increase of the platform quantity, industry management development urgently need monitoring services to guide the high-quality development of the industrial Internet platform. In this context, this paper focuses the monitoring and analysis system of the industrial Internet platform, introduces the construction content and practical results of the system, which mainly includes three parts: indicator system, platform system and data innovation application services, providing standardized guidance for all parties to carry out monitoring and analysis work. Promoting the construction of the monitoring and analysis system of the industrial Internet platform is conducive to finding out the foundation of the platform, mastering the situation of the platform development stage, analyzing and judging the development direction of the platform, and promoting the healthy and orderly development of the industrial Internet industry.

Keywords: Digital Transformation; Industrial Internet Platform; Monitoring and Evaluation Index System; Data Monitoring and Perational Analysis System

B.4 Industrial Internet Platform+Park Digital Transformation Development Mode and Practice Research

Tao Wei, Wang Xuehong and Li Qingmin / 046

Abstract: As an inevitable outcome of the integration and development of advanced manufacturing industry and new generation information technology, the industrial Internet platform is gradually becoming an important means to help the digital transformation and upgrading of the park. This paper introduces the current situation and problems of the digital transformation and development of industrial parks, analyzes the important role of the industrial Internet platform in promoting the digital transformation and development of industrial parks and the optimization and upgrading of industrial structure, expounds typical models and practical cases, and puts forward countermeasures and suggestions for the next step of promoting the development of the platform into parks, the govermentside, coordinate the resource layout, and promote the platform into the park; On the application side, shaping correct concepts and leading digital development; On the supply side, seize development opportunities and explore new scenario applications.

Keywords: Digital transformation; Industrial Internet Platform; Industrial Park

B.5 Research on the Practice of Industrial Internet Platform Facilitating the Digital Transformation of the Manufacturing Industry

Zhang Juanjuan, Wu Donghan, Liu Zhongbo,
Yao Huan and Meng Xiangxi / 064

Abstract: The Industrial Internet platform is a crucial support for the digital transformation of the manufacturing industry, with broad application prospects and enormous development potential. This paper focuses on the practical exploration of how the Industrial Internet platform can assist in the digital transformation of the manufacturing industry. It sorts out and summarizes the current state of development of the Industrial

Internet platform and related industries, revealing the critical role of the Industrial Internet platform in promoting digital transformation in manufacturing. The research finds that the Industrial Internet platform effectively promotes the high-end, intelligent, and green development of the manufacturing industry by integrating data resources, optimizing production processes, and enhancing supply chain collaboration efficiency. This study also discusses the problems and challenges faced during the implementation of the Industrial Internet platform and proposes corresponding countermeasures and suggestions. These are expected to serve as references for manufacturing enterprises looking to use the Industrial Internet platform to achieve digital transformation.

Keywords: Industrial Internet Platform; Digital Transformation; Manufacturing Industry

Ⅳ Industry Reports

B.6 Digital Transformation Status and Development Suggestions of medical device Industry in China

Wang Qi, Fu Yuhan, Wang Qingyu and Zhang Lei / 079

Abstract: As a sub sector of the mechanical industry, the medical device industry is closely related to national economy and people's livelihood. In the new round of technological revolution and industrial transformation, China's medical equipment industry is flourishing, with significant achievements in digital transformation and development. Research has found that the digital infrastructure of enterprises in the medical device industry is relatively high, with increasing levels of cloud management and supply chain network layout. The intelligent production capacity is steadily increasing, but the integration and linkage capabilities of the industrial chain still need to be strengthened. Focusing on the future development of the industry, this article proposes three major development suggestions: improving the digitalization level of enterprise R&D and design processes, promoting industrial chain transformation, expanding high-end and intelligent product supply.

Keywords: Medical Devices; Digital Transformation; Digitization; Networking; Intelligence

B.7 Current Situation and Development Suggestions of Digital Transformation in the Steel Industry

Wang Dan, Fu Yuhan, Ma Luyao,
Wang Qingyu and Wang Qi / 097

Abstract: With the rapid development of global economic integration and technology, the steel industry, as the cornerstone of the national industrial system, has become a key way to promote industrial upgrading and enhance competitiveness through digital transformation. Under the new situation and requirements of the current new industrialization, the steel industry is facing multiple pressures such as industrial structure upgrading, green and low-carbon, and weak industrial chain competitiveness. Digital transformation has become the only way for the steel industry to achieve high-quality development. An in-depth analysis of the current situation, challenges, and future development directions of the digital transformation in the steel industry is of great significance for promoting high-quality development of the industry.

Keywords: The Steel Industry; New Industrialization; Digital Transformation

B.8 Digital Transformation Status and Development Suggestions of High-end Equipment Manufacturing Industry

Wang Dan, Fu Yuhan, Wang Qingyu,
Zhang Lei and Han Yu / 114

Abstract: The high-end equipment manufacturing industry has become an important component of the country's strategic emerging industries, which is of great significance for improving the overall level of the country's equipment manufacturing industry, promoting industrial upgrading and economic development. With the rapid development and application of new generation information technology, the high-end equipment industry is also facing an urgent need for digital transformation. At present, high-end equipment industry enterprises in China have a high awareness of transformation and have shown good performance in enhancing core competitiveness and innovating management models. However, they still face certain challenges in key technology research and intelligent production efficiency. It is necessary to further increase research and development investment and continuously improve resource allocation efficiency.

Keywords: High end Equipment Industry; Digital Transformation; Intelligent Manufacturing; Data Driven

B.9 Research on Digital Development of Coal Chemical Industry

Lu Jiangnan, Zuo Yue, Zhang Xiting and Yang Ruoyang / 139

Abstract: The overall situation of China's energy is rich in coal, short of oil and little gas, that is, the shortage of oil and natural gas resources, and the relative abundance of coal resources. Developing the modern coal chemical industry is an urgent need and realistic choice to ensure the security of national oil and gas supply and promote the adjustment of energy structure. The coal chemical industry has a wide coverage and a complex and huge industrial chain. In order to improve the core competitiveness, reduce costs, enhance profitability and maintain high value, coal chemical enterprises need to build a digital supply chain to provide high-quality services for internal and external stakeholders, so as to strengthen the synergy ability of the industrial chain, improve the efficiency of the supply chain, and promote the healthy development of the industry.

Keywords: Coal Chemical Industry; Digital Development; 5G + Industrial Internet

Contents

V Regional Reports

B.10 Jiangsu Model: Promote "Intelligent Transformation,
Digtal Transformation and Network Connection"
in Manufacturing Industry
*Zhang Lei, Wang Qingyu, Wang Dan,
Wang Qi and Fu Yuhan* / 158

Abstract: In 2023, Jiangsu actively implements the "three major actions" of intelligent transformation, digital transformation and network connection, pays more attention to the "network connection" to amplify the effect of "intelligent transformation and number transformation", creates a strong province integrating data and reality, coordinates and promotes the "three major tasks" of rejuvenating traditional industries, expanding emerging industries, and cultivating future industries, focusing on 16 advanced manufacturing clusters and 50 industrial chains. Strengthen the industrial cluster thinking, accelerate the construction of advanced manufacturing as the backbone of the modern industrial system, the province's integration of the two development level of 67.9, overall level ranks among the top in the country, for the national promotion of the digital transformation of the manufacturing industry to provide referable countermeasures and suggestions.

Keywords: Intelligent Transformation, Digital Transformation and Network Connectivity; Integrated Development of Informatization and Industrialization; Advanced Manufacturing Industry; Jiangsu Model

B.11 Fujian Province Leads High-qullity Development with Digital Transformation of Manufacturing Industry

Han Yu, Wang Qi, Wang Dan and Fu Yuhan / 170

Abstract: Focusing on high-quality development, Fujian Province has made remarkable progress in the digital transformation of manufacturing industry. With the goal of improving quality, reducing costs, increasing efficiency, being green and safe, Fujian Province is promoting the application of new technologies and new models through deepening industrial Internet innovation. Fujian Province will continue working on creating the new industrial system, supply modes and supporting conditions to create new growth drivers for all-round high-quality development. This paper systematically combs the development status and achievements of the integration of industrialization and informatization in Fujian Province to form a digital transformation development path, which provides important theories for the digital transformation of manufacturing enterprises.

Keywords: Digital Transformation; Integration of Industrialization and Informatization; Manufacturing Industry; Fujian Province

B.12 Analysis on the Present Situation and Development Model of Digital Transformation of Manufacturing Industry in Ningxia Hui Austonomous Region

Wang Dan, Han Yu, Fu Yuhan,
Zhang Lei and Wang Tianmei / 181

Abstract: Ningxia Hui Autonomous Region actively promotes the digital transformation of the manufacturing industry, promotes the digital industres development and digitalization of traditional industries, and continuously improves the level of high-end, intelligent, and green development of the manufacturing industry. In 2023, in order to promote the high-quality development of the autonomous region's manufacturing industry to a new level, Ningxia will unswervingly promote the "four major transformations", deepen the integrated development of new generation information technology and manufacturing industry, actively develop intelligent manufacturing, deeply promote the "Internet+manufacturing industry", explore the construction of virtual industrial parks, and promote the digital, networked, and intelligent transformation of the region's manufacturing industry to achieve significant results.

Keywords: Digital Transformation; Digital Industries Development; Digitalization of Traditional Industries; Ningxia Hui Austonomous Region

B.13 Research on Anhui Model of Regional Digital Transformation and Development

Han Yu, Wang Dan, Wang Qi and Fu Yuhan / 199

Abstract: Anhui Province has deeply implemented the "4116" action plan for improving quality, expanding quantity, and increasing efficiency in the manufacturing industry, organizing and carrying out eight major actions: stabilizing industrial growth, strengthening advantageous industries, digital empowerment, attracting and developing high-quality enterprises, collaborative innovation in science and technology industries, quality improvement, green development, and cost reduction and efficiency increase, promoting the high-end, intelligent, and green development of the manufacturing industry. By sorting out the top-level planning system for promoting digital transformation in Anhui Province, analyzing the development of digitalization, networking, intelligence, and new forms and business models of enterprises in Anhui Province, we can summarize a digital transformation development model and path led by the deep integration of industrialization and informatization in Anhui Province.

Keywords: Industrial companies; Digitalization; Anhui Province

B.14 To "Intelligent Transformation Digital Transformation and Network Connection" to Help Wuxi's new Industrialization Development Supply Quality Project Expansion Service Efficiency　　*Zhang Lei, Wang Qingyu, Wang Qi,*
Wang Dan and Fu Yuhan / 208

Abstract: In recent years, Wuxi has earnestly implemented the decision-making and deployment of the provincial Party Committee and the provincial government, given full play to the strong supporting role of "intelligent transformation of number and network connection" in promoting new industrialization and forming new quality productivity, and used policy tools as a link to pull the enterprise side and the supply side to "exert force on both ends" to promote industrial digital transformation. In 2023, the city's integrated development level and intelligent manufacturing development index both ranks among the top in the province, one new global "lighthouse factory", one national industrial Internet "double span" platform, the number of intelligent manufacturing benchmarks is the largest in the past year, and the work of "intelligent transformation number to network connection" continues to deepen to reality. This paper systematically summarizes the key measures and work results of Wuxi in promoting the development of new industrialization, summarizes and refines work experience, and forms countermeasures and suggestions that can be used for reference.

Keywords: Intelligent Transformation, Digital Transformation and Network Connectivity; Integrated Development of Informatization and Industrialization; New Industrialization; Wuxi

社会科学文献出版社

皮 书
智库成果出版与传播平台

✦ 皮书定义 ✦

皮书是对中国与世界发展状况和热点问题进行年度监测，以专业的角度、专家的视野和实证研究方法，针对某一领域或区域现状与发展态势展开分析和预测，具备前沿性、原创性、实证性、连续性、时效性等特点的公开出版物，由一系列权威研究报告组成。

✦ 皮书作者 ✦

皮书系列报告作者以国内外一流研究机构、知名高校等重点智库的研究人员为主，多为相关领域一流专家学者，他们的观点代表了当下学界对中国与世界的现实和未来最高水平的解读与分析。

✦ 皮书荣誉 ✦

皮书作为中国社会科学院基础理论研究与应用对策研究融合发展的代表性成果，不仅是哲学社会科学工作者服务中国特色社会主义现代化建设的重要成果，更是助力中国特色新型智库建设、构建中国特色哲学社会科学"三大体系"的重要平台。皮书系列先后被列入"十二五""十三五""十四五"时期国家重点出版物出版专项规划项目；自2013年起，重点皮书被列入中国社会科学院国家哲学社会科学创新工程项目。

权威报告·连续出版·独家资源

皮书数据库
ANNUAL REPORT(YEARBOOK) DATABASE

分析解读当下中国发展变迁的高端智库平台

所获荣誉

- 2022年，入选技术赋能"新闻+"推荐案例
- 2020年，入选全国新闻出版深度融合发展创新案例
- 2019年，入选国家新闻出版署数字出版精品遴选推荐计划
- 2016年，入选"十三五"国家重点电子出版物出版规划骨干工程
- 2013年，荣获"中国出版政府奖·网络出版物奖"提名奖

皮书数据库　　"社科数托邦"微信公众号

成为用户

登录网址www.pishu.com.cn访问皮书数据库网站或下载皮书数据库APP，通过手机号码验证或邮箱验证即可成为皮书数据库用户。

用户福利

- 已注册用户购书后可免费获赠100元皮书数据库充值卡。刮开充值卡涂层获取充值密码，登录并进入"会员中心"—"在线充值"—"充值卡充值"，充值成功即可购买和查看数据库内容。
- 用户福利最终解释权归社会科学文献出版社所有。

数据库服务热线：010-59367265
数据库服务QQ：2475522410
数据库服务邮箱：database@ssap.cn
图书销售热线：010-59367070/7028
图书服务QQ：1265056568
图书服务邮箱：duzhe@ssap.cn

社会科学文献出版社　皮书系列
SOCIAL SCIENCES ACADEMIC PRESS (CHINA)

卡号：997254622238
密码：

基本子库
SUB DATABASE

中国社会发展数据库（下设12个专题子库）

紧扣人口、政治、外交、法律、教育、医疗卫生、资源环境等12个社会发展领域的前沿和热点，全面整合专业著作、智库报告、学术资讯、调研数据等类型资源，帮助用户追踪中国社会发展动态、研究社会发展战略与政策、了解社会热点问题、分析社会发展趋势。

中国经济发展数据库（下设12专题子库）

内容涵盖宏观经济、产业经济、工业经济、农业经济、财政金融、房地产经济、城市经济、商业贸易等12个重点经济领域，为把握经济运行态势、洞察经济发展规律、研判经济发展趋势、进行经济调控决策提供参考和依据。

中国行业发展数据库（下设17个专题子库）

以中国国民经济行业分类为依据，覆盖金融业、旅游业、交通运输业、能源矿产业、制造业等100多个行业，跟踪分析国民经济相关行业市场运行状况和政策导向，汇集行业发展前沿资讯，为投资、从业及各种经济决策提供理论支撑和实践指导。

中国区域发展数据库（下设4个专题子库）

对中国特定区域内的经济、社会、文化等领域现状与发展情况进行深度分析和预测，涉及省级行政区、城市群、城市、农村等不同维度，研究层级至县及县以下行政区，为学者研究地方经济社会宏观态势、经验模式、发展案例提供支撑，为地方政府决策提供参考。

中国文化传媒数据库（下设18个专题子库）

内容覆盖文化产业、新闻传播、电影娱乐、文学艺术、群众文化、图书情报等18个重点研究领域，聚焦文化传媒领域发展前沿、热点话题、行业实践，服务用户的教学科研、文化投资、企业规划等需要。

世界经济与国际关系数据库（下设6个专题子库）

整合世界经济、国际政治、世界文化与科技、全球性问题、国际组织与国际法、区域研究6大领域研究成果，对世界经济形势、国际形势进行连续性深度分析，对年度热点问题进行专题解读，为研判全球发展趋势提供事实和数据支持。

法律声明

"皮书系列"（含蓝皮书、绿皮书、黄皮书）之品牌由社会科学文献出版社最早使用并持续至今，现已被中国图书行业所熟知。"皮书系列"的相关商标已在国家商标管理部门商标局注册，包括但不限于LOGO（ ）、皮书、Pishu、经济蓝皮书、社会蓝皮书等。"皮书系列"图书的注册商标专用权及封面设计、版式设计的著作权均为社会科学文献出版社所有。未经社会科学文献出版社书面授权许可，任何使用与"皮书系列"图书注册商标、封面设计、版式设计相同或者近似的文字、图形或其组合的行为均系侵权行为。

经作者授权，本书的专有出版权及信息网络传播权等为社会科学文献出版社享有。未经社会科学文献出版社书面授权许可，任何就本书内容的复制、发行或以数字形式进行网络传播的行为均系侵权行为。

社会科学文献出版社将通过法律途径追究上述侵权行为的法律责任，维护自身合法权益。

欢迎社会各界人士对侵犯社会科学文献出版社上述权利的侵权行为进行举报。电话：010-59367121，电子邮箱：fawubu@ssap.cn。

社会科学文献出版社